이다 게이치 지음 | 김윤경 옮김

### 초등 6학년부터 중학생까지

# 수학 방정식 짱 쉽게 정복하기

문제를 이미지화하는 독특한 접근방식!
방정식을 이렇게 쉽게 설명한 책은 없다!

에듀멘토르

CHUGAKU NO SUGAKU · HOTEISHIKI GA CHOWAKARU HON © KEIICHI IIDA 2009

All rights reserved.
Originally published in Japan in 2009 by Soshisha Publishing Co., Ltd.
Korean translation rights arranged through TOHAN CORPORATION, TOKYO.,
and YU RI JANG AGENCY, SEOUL.
Korean translation copyrights ⓒ 2009 by edumentor

이 책의 한국어판 저작권은 유리장 에이전시를 통한 저작권자와의 독점 계약으로 에듀멘토르에 있습니다. 저작권법에 따라 한국 내에서 보호를 받는 저작물이므로 무단 전재와 무단 복제를 금합니다.

이다 게이치 지음 | 김윤경 옮김

초등 6학년부터 중학생까지

# 수학 방정식 쉽게 정복하기

문제를 이미지화하는 독특한 접근방식!
방정식을 이렇게 쉽게 설명한 책은 없다!

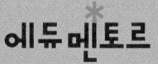

### 머리말

여러분, 반가워요.
저는 프로 가정교사 수달 선생이라고 해요.
여러분은 수학이 좋아요? 아니면 싫어요?
만약 싫다면, 왜 싫나요?
아마도 공부 방법을 잘 몰라서일 거예요.
밤하늘에 있는 별만큼이나 많은 해법을, 의미도 모른 채
무턱대고 암기만 한다면?
이런 방법으로 공부하면 시간이 터무니없이 오래 걸리는 데 비해
성적은 오르지 않고, 공부해도 별 효과가 없겠지요?
사실은 말이죠, '수학'은 짱 재미있는 과목이라는 사실!
그런데도 여러분은 지금껏 재미없게 공부해 온 거죠.
즐겁게 효과적으로, 수학의 본질을 익힐 수 있는 방법을 알고 싶은가요?
그럼, 이 책을 읽어보세요.
이 책의 핵심 주제는, 가장 중요하지만
많은 학생이 어려워하는 '방정식'이에요.
'산수'나 '수학'이 아무리 괴롭고 싫은 사람이라도 걱정 끝!
계산형 문제의 기초에서 문장제 문제의 응용까지,
초등학생이 읽어도 완벽하게 이해할 수 있도록
'방정식'을 무척 쉽게 가르쳐 주니까요.
이제 선생님, 친구들과 함께
두근두근 설레는 수학의 세계로 떠나볼까요?

차례

### 첫 번째 이야기
# 양수와 음수

01 양수와 음수 _10

02 수는 '파워'를 가지고 있다! _14

03 덧셈과 뺄셈의 '비밀' 테크닉! _22

04 곱셈과 나눗셈의 개념 _31

### 두 번째 이야기
# 문자식의 해법

01 문자식이란 무엇일까? _64

02 문자식은 이렇게 나타낸다! _70

03 항과 계수 _76

04 문자도 '파워'를 가지고 있다! _80

05 '문자식'의 덧셈과 뺄셈 _83

06 '문자식'의 곱셈과 나눗셈 _92

### 세 번째 이야기
# 방정식의 계산 문제

01 '='의 진짜 의미 _106

02 양변 계산의 개념 _111

03 방정식이란 무엇일까? _117

04 '이항'의 개념 _121

05 기본 방정식(○$x$=□)의 풀이 _130

06 '표준형 방정식'의 풀이 _137

07 '괄호형 방정식'의 풀이 _146

08 '소수형 방정식'의 풀이 _155

09 '분수형 방정식'의 풀이 _161

10 분수형? 괄호형? _170

11 '$a$값'을 구하는 문제 _177

■ 원 포인트 레슨 _180

### 네 번째 이야기
# 문장제 문제의 기초

**01** 지불 금액, 남은 돈, 개수 등의 표시 방법_186

**02** 속도, 시간, 거리의 표시 방법_199

**03** 'O할'의 표시 방법_214

**04** 'O%'의 표시 방법_221

### 다섯 번째 이야기
# 방정식의 문장제 문제

**01** 방정식 세우기의 기본_234

**02** 도전! 실전문제_243

맺음말_271

---

등장인물

**수달 선생님**
신비의 프로(레슬러) 가정교사
공부를 엄청 쉽게 가르치는 일이 특기 중 특기

**빛나**
언제나 긍정적으로 사고하는 노력가
좋아하는 과목은 국어와 사회

**바로**
공부는 싫어하지만 의욕만큼은 세계 최고. 좋아하는 것은 체육과 급식

**미르와 완두**
수달 선생님의 조수(?)
사이좋은 단짝

1 양수와 음수

2 수는 '파워'를 가지고 있다!

3 덧셈과 뺄셈의 '비밀' 테크닉!

4 곱셈과 나눗셈의 개념

첫 번째 이야기

# 양수와 음수

자, 드디어 출발!
신비로운 '수학'의 세계에서
선생님과 함께하는 대모험!

# 01 양수와 음수

 자, 그럼 시작할까! 먼저, '+(플러스)'와 '−(마이너스)' 부호에 대해서 알아보자.

 네? 그건 '더하기'랑 '빼기' 아녜요? '산수'에서 배웠어요.

 실은 수학에서는 **양수**(+가 붙는 수)와 **음수**(−가 붙는 수)를 표현할 때도 '+'와 '−' 부호를 사용한단다.

 **양수**와 **음수**가 뭔가요?

 **양수**는 0보다 큰 수, **음수**는 0보다 작은 수야.

'양수' 앞에는 '+'가 붙는구나~
'음수' 앞에는 '−'가 붙는구나~

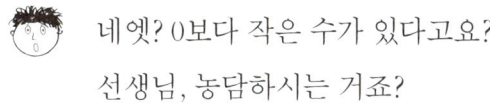 네엣? 0보다 작은 수가 있다고요?
선생님, 농담하시는 거죠?

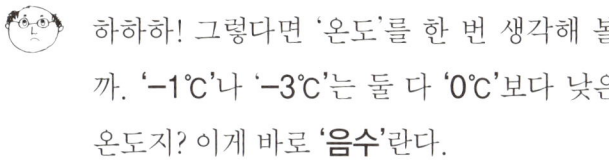 하하하! 그렇다면 '온도'를 한 번 생각해 볼까. '-1℃'나 '-3℃'는 둘 다 '0℃'보다 낮은 온도지? 이게 바로 '**음수**'란다.

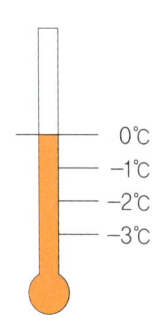

 **양수**와 **음수**를 구별하는 데 부호가 필요하단 거네요?

 그렇지. 예를 들면, 아래처럼 어떤 숫자든지 부호만 보면 한눈에 구별할 수 있거든.

$$+1 \quad +6 \quad +12 \quad +1.5 \quad +\frac{2}{3}$$

$$-1 \quad -6 \quad -12 \quad -1.5 \quad -\frac{2}{3}$$

양수!

음수!

 선생님, **양수**에 대해서 질문이 있어요!
'산수'에서는 '+2'를 그냥 '2'라고 썼는데, '수학'에서는 **양수**에 항상 '+'를 붙여야 해요?

붙일 때도 있고 붙이지 않을 때도 있단다. 하지만 **음수**에는 반드시 '−'를 붙여야 해. 그래야 **양수**에 '+'를 붙이지 않아도 **음수**와 확실히 구별할 수 있지.

 양수!

**포인트 01**

### 양수와 음수 ①

- **양수**: 0보다 큰 수
- **음수**: 0보다 작은 수

※ 0은 어느 쪽에도 속하지 않는다.

 여기서 또 하나, 매우 중요한 포인트를 짚어 보자.
바로, **양수**와 **음수**는 성질이 정반대라는 사실이란다.
예를 들어, **양수**와 **음수**를 사용하여 '모은 돈'과 '빌린 돈'이라는 정반대 개념을 제대로 표현할 수 있는지 생각해 보자. 먼저, '돈이 없다' → '0원'이라고 표현할 수 있겠지? 그러면 '모은 돈 100원'은 어떻게 표현할 수 있을까?

😀 '가지고 있는 돈이 0원보다 100원 많다' → '+100원.' 이렇게 하면 되지 않을까요?

😄 좋아. 그러면 '빌린 돈 100원'은 어떻게 할까?

👧 '가지고 있는 돈이 0원보다 100원 적다' → '−100원.' 이러면 될 것 같은데요?

😄 좋아. **양수**와 **음수**를 사용하면, 이 밖에도 '**수입**'과 '**지출**', '**전진 능력**'과 '**후퇴 능력**'처럼, 정반대 성질을 지닌 낱말을 확실하게 표현할 수 있단다. 양수와 음수 자체가 성질이 정반대이기 때문이지.

---

**포인트 02**

### 양수와 음수 ②

- **양수**와 **음수**는 성질이 **정반대**이다!

# 02  수<sub>數</sub>는 '파워'를 가지고 있다!

 그럼 이번에는 선생님이 발명한 '**수・파워 이론**(수는 '파워'를 가지고 있다!)'이라는 일급비밀 테크닉을 사용해서 **양수**와 **음수**를 이미지화해 보자. 먼저 예를 들어 볼까.

어떤 우주선이 우주 공간에 머물러 있다고 하자. 지금 이 **우주선이 내는 파워를 '마력'**이라는 단위로 나타내면 '**0마력**'이지.

멈춰 있으므로, 발산하는 파워는 0!

**예 1**
이 우주선이 '**전진할 때 내는 파워**'의 크기를, '+□마력'의 꼴로 나타내기로 하자. 이때 '**+2마력**'과 '**+4마력**' 중 **전진하는 파워가 더 큰 쪽은?**

그야 '4마력' 쪽이지요.

 좋았어. 그럼 다음으로!

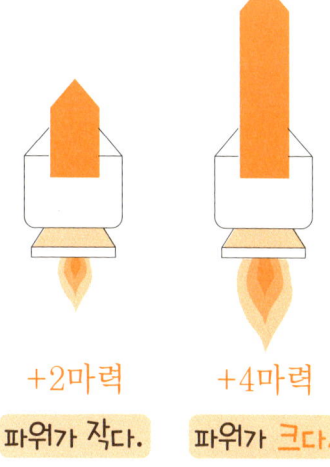

+2마력     +4마력

파워가 작다.    파워가 크다.

**예 2**
이 우주선이 '후퇴할 때 내는 파워'의 크기를, 이번에는 반대로 '−□마력'의 꼴로 나타내기로 하자. 이때 '−2마력'과 '−4마력' 중 후퇴하는 파워가 더 큰 쪽은?

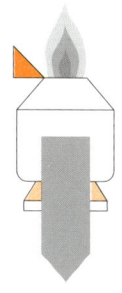

 음, '−4마력'이겠죠?

 맞았어.

파워가 작다.    파워가 크다.
−2마력     −4마력

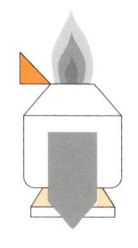 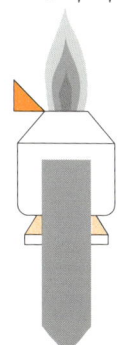

이러한 예에서 두 가지 사실을 알 수 있단다.

(1) 먼저 각각의 수에서 '**부호**' 부분만 주목해 보면 **파워의 종류**를 알 수 있지.

| 전진하는 파워 | +2마력 | +4마력 |
| 후진하는 파워 | −2마력 | −4마력 |

(2) 이번에는 각각의 수에서 '**숫자**' 부분만 주목해 볼까. 그러면 **파워의 크기**를 알 수 있단다.

+2마력    +4마력
−2마력    −4마력
파워가 작다.    파워가 크다.

이제 예를 들어서는 설명하지 않고, **수는 '파워'를 가지고 있다!**를 이미지화하는 방법을 설명해 주마.

 무슨 뜻이에요?

쉽게 말해서, '**보통의 수**'도 아까 말한 우주선처럼 이미지화할 수 있다는 뜻이지. 즉, '마력'과 같은 단위가 붙어 있지 않은 '**보통의 수'도 파워가 있는 것처럼 이미지화할 수 있는** 거란다.

이번에는 선생님이 발명한 '**벡터 그래프**(크기와 방향으로 정해지는 힘, 양, 속도, 가속도 등을 나타내는 그래프)'를 이용하여 **양수**와 **음수**로 나누어 생각해 보자.

## A 양수(+)

 예를 들어, '**+2**'와 '**+4**'라는 **양수** 두 개를 그래프로 나타내면 오른쪽과 같아.

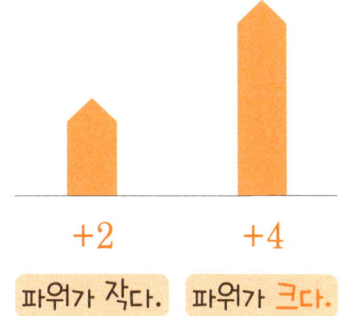

 음, 그러면 '**+4**'가 '**+2**'보다 파워가 크다고 이해하면 되나요?

 그렇지. '**숫자**' 부분이 '**파워의 크기**'를 나타낸다고 이미지화하면 되지.

이제부터 **양수가 지닌 파워**는 '**플러스(+) 파워**'라고 하자.

**B** 음수(−)

 예를 들어, '−2'와 '−4'라는 **음수** 두 개를 그래프로 나타내면 오른쪽과 같지.

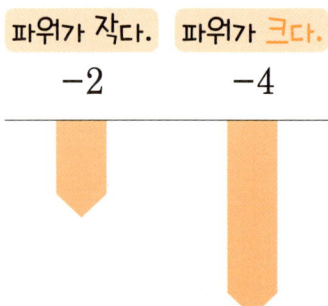

 아! 알 것 같아요.
'−2'보다 '−4'의 파워가 크다는 이미지를 머릿속에 저장하면 되죠?

 바로 그거야.
이때도 '**숫자**' 부분이 '파워의 크기'를 나타낸다고 알아 두면 좋아. 이제부터 **음수**가 지닌 파워를 '마이너스(−) 파워'라고 하자.
그럼 이제, **수는 '파워'를 가지고 있다!** 는 말이 어떤 이미지인지 확실히 알 수 있지?
어떤 '수'의 **파워**를 이미지화할 때는 먼저 **부호** 부분과 '숫자' **부분을 따로따로 눈여겨봐야** 한단다.

① **부호**: 그 수가 지닌 '**파워의 종류**'를 나타낸다.
② **숫자**: 그 수가 지닌 '**파워의 크기**'를 나타낸다.

이렇게 이미지화할 수 있지.

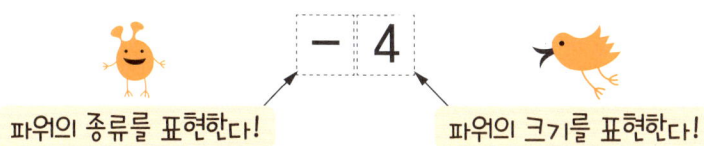

아까의 예 A, B의 숫자는 사실 그래프가 없어도 파워의 이미지를 다음처럼 한눈에 알 수 있을 거야.

예 A

+ 2
① ②
① 파워의 종류 : +파워
② 파워의 크기 : 2

+ 4
① ②
① 파워의 종류 : +파워
② 파워의 크기 : 4

예 B

− 2
① ②
① 파워의 종류 : −파워
② 파워의 크기 : 2

− 4
① ②
① 파워의 종류 : −파워
② 파워의 크기 : 4

포인트 03

### 수·파워 이론

**양수**: 플러스(+) 파워를 지닌다!
**음수**: 마이너스(−) 파워를 지닌다!

(1) 부호: 그 수가 지닌 파워의 종류를 나타낸다. (+파워인지 −파워인지)
(2) 숫자: 그 수가 지닌 파워의 크기를 나타낸다. (정식으로는 '절댓값'이라 함)

 이 이미지를 알아 두면, 이제부터 공부할 계산 문제를 빠르게 익힐 수 있단다. 또 계산의 의미를 알면 문제를 순식간에 풀 수 있게 되니까 아주 편리하지.

자, 이러한 사고방식에 익숙해지도록 연습 문제를 풀어 보자.

**연·습·문·제**

다음 (1)~(3)의 수가 지닌 파워의 ① 종류와 ② 크기를 각각 답하여라.

(1) +1          (2) −3          (3) 2

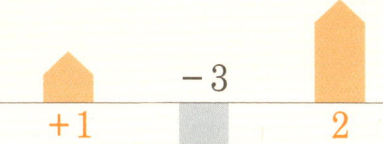

부호가 없는 숫자는 양수!

**해답>>**

(1) **+ 1**
　　① ②
① 파워의 종류 : +파워
② 파워의 크기 : 1

(2) **− 3**
　　① ②
① 파워의 종류 : −파워
② 파워의 크기 : 3

(3) **2**
　　① ②
① 파워의 종류 : +파워
② 파워의 크기 : 2

# 03 덧셈과 뺄셈의 '비밀' 테크닉!

 좋아! 이번에는 **'덧셈과 뺄셈'**에 대해서 생각해 보자. 산수에는 없었던 **양수**와 **음수**를 사용할 거니까 처음부터 다시 배운다고 생각하고 들으렴.

---

**예제 (덧셈·뺄셈: 부호가 같은 수)**
다음 식을 계산하여라.
$-2-3$

---

 2를 뺀 다음 또 3을 빼라고?! 이게 뭐야? 잘못 적은 거죠?

 흠, 그렇게 심한 말을 하다니! 자, 먼저 머릿속에서 이렇게 식을 구분해서 생각해 보렴.

$-\,2\,-\,3$

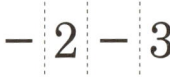 2를 뺀 다음 또 3을 빼라고!

무슨 말인지 모르겠네요!

아, 이렇게 말인가요?

 그렇게 '산수'로만 생각하니 식의 의미도 계산 방법도 잘 모르겠지?

하하하. 그럼 선생님의 진짜 '비밀' 테크닉, **'파워 합성 시스템'** 등장이오!

'수학'에서 이런 문제가 나오면, 먼저 **부호 앞에서 식을 크게 구분하는 거야.**

$$-2 \mid -3$$

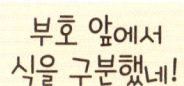

보는 것처럼 '−2' 와 '−3' 두 수로 나누었어.
실은 이 문제, '−2'와 '−3'의 파워를 합하면 어떻게 될까?
이렇게 이미지를 바꿔 보면 아주 쉽게 알 수 있을 거야.

**포인트 04**

**파워 합성 시스템: 덧셈과 뺄셈**

먼저 부호 앞에서 식을 구분한다.
제시된 수의 파워를 합하면 어떻게 될지를 생각한다.

저, 그럼 '**파워를 합한다**'는 말은 어떤 의미예요?

 자, 먼저 문제의 이미지를 떠올리기 위해서 벡터 그래프를 그려 볼까.
'−2'와 '−3'은 양쪽 모두 **마이너스(−) 파워**를 가지고 있지? **파워 종류가 같으면** 각 수를 표현하는 그래프를 일직선으로 이으면 돼. 그러면 긴 그래프 하나가 완성된단다.

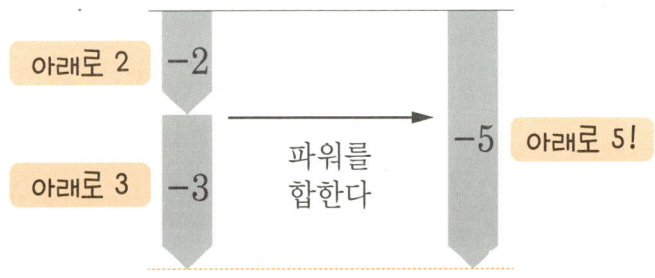

 아, 알았다! **−파워**와 **−파워**를 합하면 더 강력한 **−파워**가 된다는 뜻이군요?

 바로 그거야! '**파워를 합한다**'는 의미를 알게 되었으니 다음과 같이 두 단계로 나누어 문제를 풀어 보자.

**답의 부호(파워의 종류)를 정한다**

답의 파워 종류는,
'−2'와 '−3'과 똑같이
'마이너스(−) 파워'가
되는 거란다.
따라서 답의 부호는 '−'

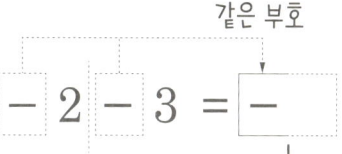

두 수와 같은 부호를
'='의 오른쪽에 적는다.

같은 부호

$-2 - 3 = \boxed{-}$

 **답의 숫자(파워의 크기)를 정한다**

답의 파워 크기는,
'−2'와 '−3'의 파워 크기를
더하면 돼.
따라서 답의 숫자는
2 + 3 = 5
다시 말해, **양수**끼리의 계산은
**+파워**와 **+파워**가 합쳐져 강력한 **+파워**가 되는 거지.

그리고 숫자 부분을
더하기만 하면 끝!

$-2 - 3 = -5$

2+3

 앗, 이렇게 쉽게 답이 나오다니? 이거 속임수 아녜요?

그럴 리가! (웃음) 사실 '덧셈과 뺄셈'은 항상 다음과 같이 '**수와 수를 합치는 계산식**'으로 바꿔 말할 수 있단다.
−2 −3 = (−2) + (−3)
하지만 이렇게 하나하나 바꿔 쓰기
힘들지? 그래서 아까처럼 재빨리 푼 거란다.

−(2)와 (−3)을
합치는 식이 되었구나

포인트 05

## 덧셈과 뺄셈: 부호가 같은 수

① '='의 오른쪽에 두 수와 같은 부호를 적는다.
② 그 오른쪽에 두 수 중 '숫자 부분'의 합을 적는다.

### 연·습·문·제

다음 (1)~(3)의 식을 계산하여라.

(1) +3+1    (2) −2−1    (3) −1−3

해답〉〉

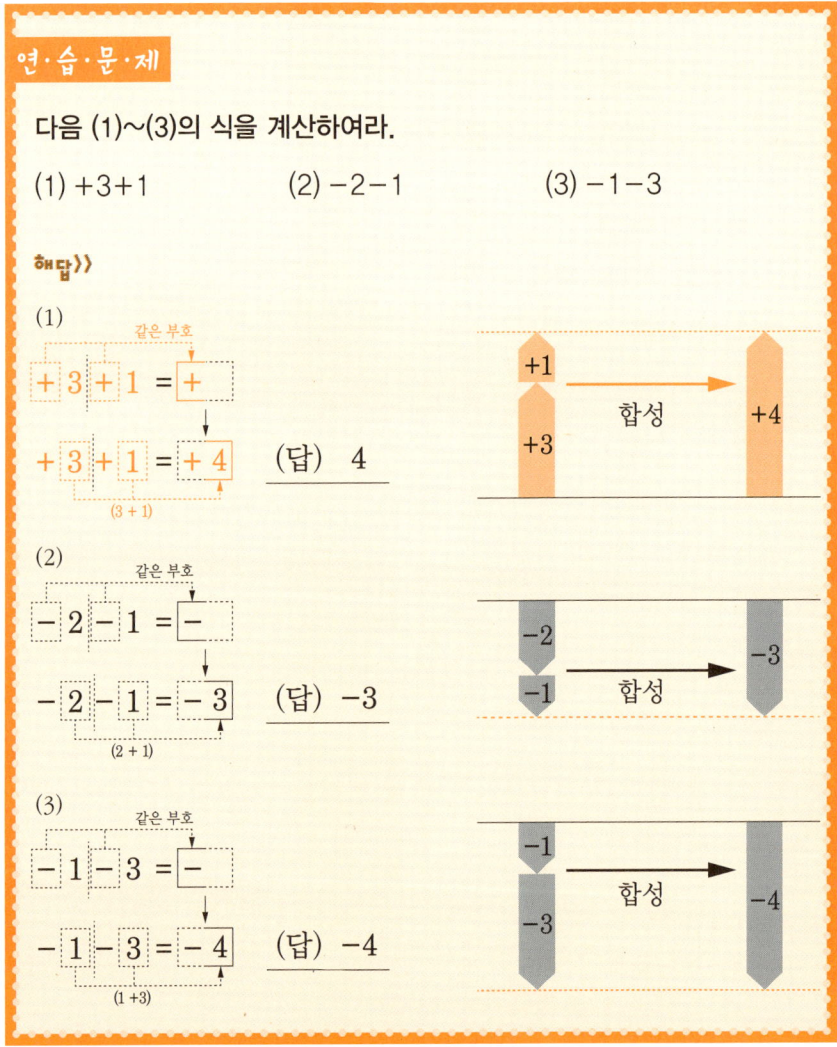

(1) (답) 4

(2) (답) −3

(3) (답) −4

> **예제 (덧셈과 뺄셈: 부호가 다른 수)**
> 다음 식을 계산하여라.
> +1−3

 앗? 이게 덧셈인가요, 뺄셈인가요?

 음, 생각하기에 따라서 덧셈도 될 수 있고 뺄셈도 될 수 있지.

 어느 쪽인지 결정하지 않으면 풀 수 없잖아요!

 실은 말이지, 이 문제도 **파워의 합성 시스템**을 사용하면 그런 고민을 하지 않고 쉽게 풀 수 있단다. 그럼 이번에도 **부호 앞에서 식을 나눠서** 생각해 볼까.

$$+1 \mid -3$$

*익숙해지면 머릿속에서 바로 나눌 수 있겠네.*

자, '+1'과 '−3'이라는 숫자 두 개로 나뉘었지? 이 문제도 아까와 마찬가지로, **'+1'과 '−3'의 파워를 합하면 어떻게 될까?** 이런 의미로 이해하면 돼.

잠깐만요! '+1'은 +파워를 가지고 있다! '−3'은 −파워를 가지고 있다! 아까 이렇게 말씀하셨잖아요? 이 두 수는 파워가 다른데 합할 수 있어요?

 합할 수 있고말고!
**양수**와 **음수**는 성질이 정반대라고 했지?
**+파워**와 **−파워**도 성질이 정반대란다.
그러니까 **두 숫자를 합하면 파워가 상쇄**되는 거지.
그럼 또 그래프로 나타내 볼까?
이처럼 파워 종류가 다르면 각각의 수를 표현하는 그래프를 기준선에서 평행으로 그려 보자.

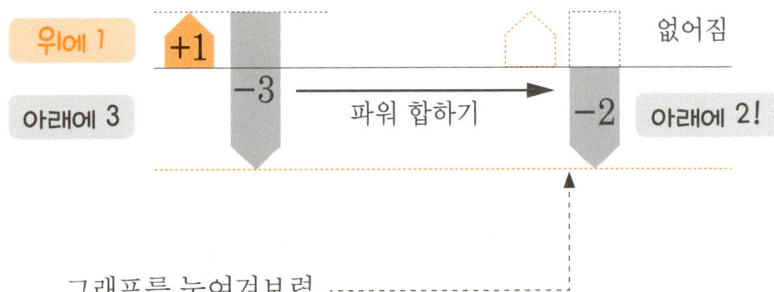

그래프를 눈여겨보렴.
**파워가 작은 쪽은 완전히 없어졌고, 파워가 큰 쪽은 작은 수와의 차이만큼 남아 있지.**

 아, 부호가 다른 수는 **어떤 파워가 얼마만큼 큰지**를 생각하면 되는 거군요.

맞았어! 예리하군. 그럼 그 이미지를 머릿속에 그려 넣고 문제를 풀어 보자.

① 답의 부호(파워의 종류)를 정한다

답의 파워 종류는, '+1'과 '-3' 중에서 파워가 큰 '-3'과 같다.
따라서 답의 부호도 '-'

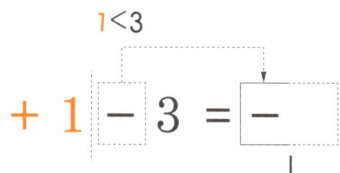

1<3

$+1 - 3 = -$

② 답의 숫자(파워의 크기)를 정한다

답의 파워 크기는, '+1'과 '-3'의 파워 차이를 생각하면 나오지.
그러므로 답의 수는,
3 - 1 = 2

그리고 숫자 부분을 빼기만 하면 끝!

$+1 - 3 = -2$

3-1

---

**포인트 06**

**덧셈과 뺄셈: 부호가 다른 수**

① '='의 오른쪽에 '숫자 부분'이 큰 수의 부호를 적는다.
② 부호의 오른쪽에 '숫자 부분'의 차를 적는다.

이제 연습 문제에 도전해 보자!

**연·습·문·제**

다음 (1)~(3)의 식을 계산하여라.

(1) $-3+2$  (2) $+4-1$  (3) $-2+3$

**해답》**

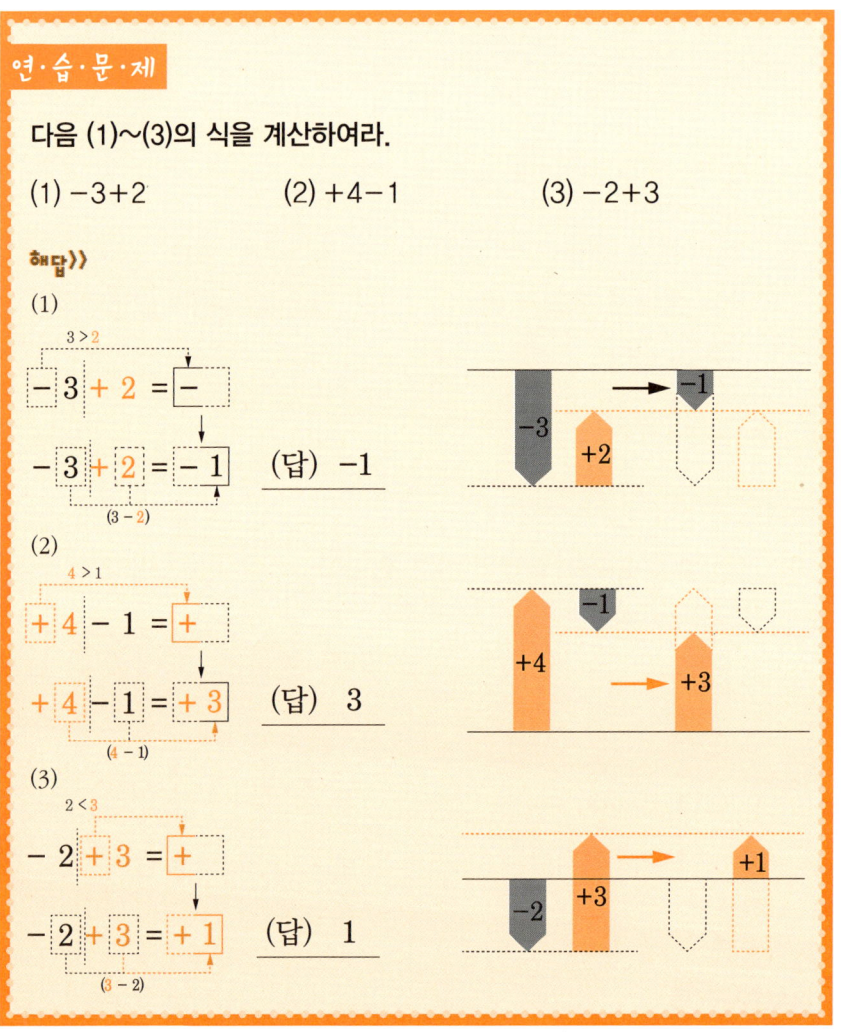

(1)
$-3+2 = -1$  (답) $-1$

(2)
$+4-1 = +3$  (답) $3$

(3)
$-2+3 = +1$  (답) $1$

😊 지금까지는 이해하기 쉽게 설명하려고 식을 두 단계로 나누어 풀었지만, 익숙해지면 한 번에 척척! 아주 빠르게 풀어 보자.

# 04 곱셈과 나눗셈의 개념

 그러면 이번에는 '곱셈'에 대해서 생각해 볼까.

---

**예제 (곱셈: 양수를 곱한다)**
다음 (1) (2)의 식을 계산하여라.
(1) $+2 \times (+3)$  (2) $-2 \times (+3)$

---

 '×' 뒤에 오는 숫자에 붙어 있는 '괄호'는 좀 거추장스럽지 않나요?

 만일 괄호를 없애면 어떻게 될까?
예를 들면 (1)은, $+2 \times +3$
이렇게 의미가 불확실한 식이 되지.

괄호를 없앴다!

 윽! '× +'라니, 대체 뭐야!

나중에 자세히 설명하겠지만, **괄호**에는 **한 덩어리**로 묶는 능력이 있단다. (1)의 식도 문제와 같이 괄호가 붙어 있다면, 이렇게 되니까 '**+2**'에 '**+3**'을 **곱한다**는 것을 한눈에 알 수 있지.

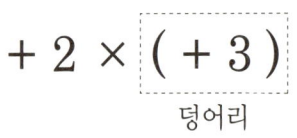
덩어리

이제야 무슨 말인지 알겠네.

 아! 그렇군요.

 그런데 선생님! 이 문제는 어떻게 생각해야 좋을까요?

 하하하……. 여기서 새로운 테크닉, **파워 변환 시스템**을 소개하마.
이런 문제가 나오면, **먼저 '×' 기호 앞에서 식을 나누어 보자.**
(1)에서

$$+2 \mid \times \ (+3)$$

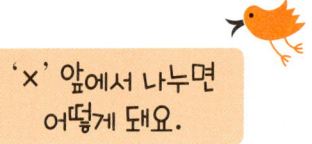
'×' 앞에서 나누면 어떻게 돼요.

그러면 식은, '**+2**'를 '**+3배**'**한다!**는 의미가 확실히 그려지지.

'+3배'라는 건, '산수'에 나오는 곱셈처럼 그냥 3배 곱한다는 뜻인가요?

 그렇지. 다시 말해, 이렇게 생각하면 된단다.

**어떤 수를 +□배 → 어떤 수의 파워를 그대로 +□배**

여기에 예제 (1)을 넣어 보면 아래와 같은 이미지가 된단다.

**+2를 +3배 → +2의 +파워를 그대로 3배**

그럼 이번에도 그래프로 나타내 볼까.

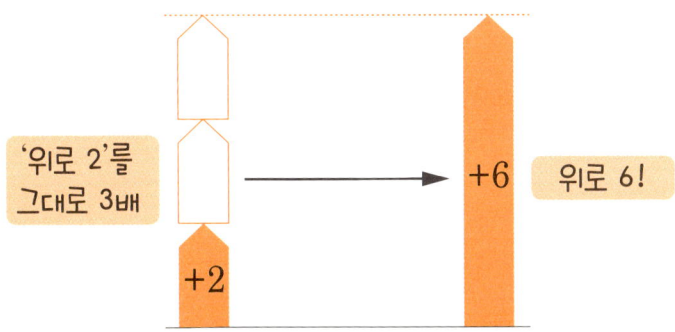

 잘 알겠니? 이 문제는 산수에서 공부한 곱셈과 같아서 간단하지. 하지만 나중에 나올 문제에 대비해서 먼저 그래프의 이미지대로 다음과 같이 문제를 두 단계로 풀어 보자.

① 부호(파워의 종류)를 정한다

**양수**를
'그대로 3배'
하면 되므로
답도 **+파워**를
가진다.

② 숫자(파워의 크기)를 정한다

파워의 크기를
3배하면,
2 × 3 = 6

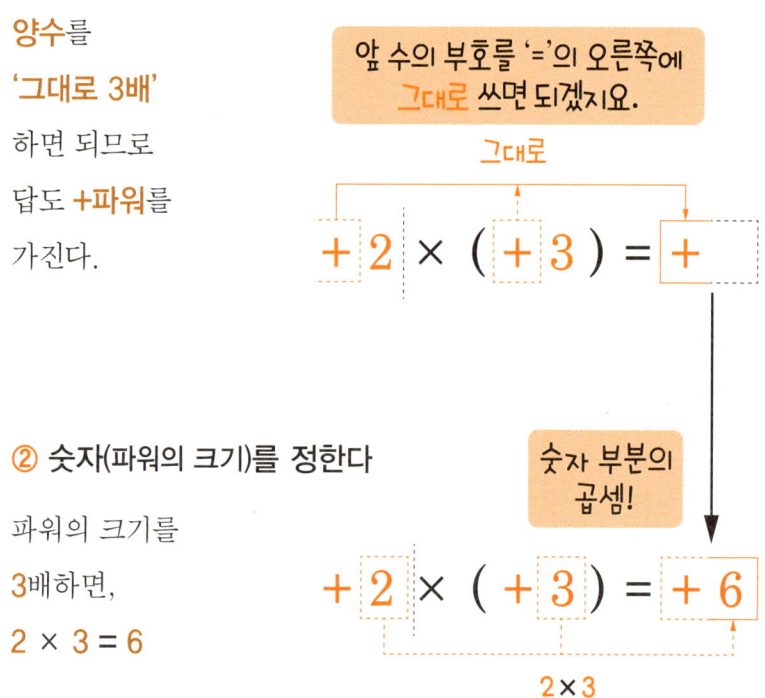

 그럼, 이번에는 (2)를 풀어 볼까.

$$+2 \times (+3)$$

익숙해지면 머릿속에서
바로 나눌 수 있어!

식을 '×' 앞에서 나누어 보자.
그러면 이 식은 '**−2**'를 '**+3배**'한다!는 의미로 이미지가 만들어지지.

그럼 이 문제도 (1)과 같은 의미이죠?

어떤 수를 +□배 → 어떤 수의 파워를 그대로 +□배

 맞았어! 이 문제는 이렇게 풀면 되지.

−2를 +3배 → −2의 −파워를 그대로 3배

그럼 이 문제도 그래프로 나타내 보자.

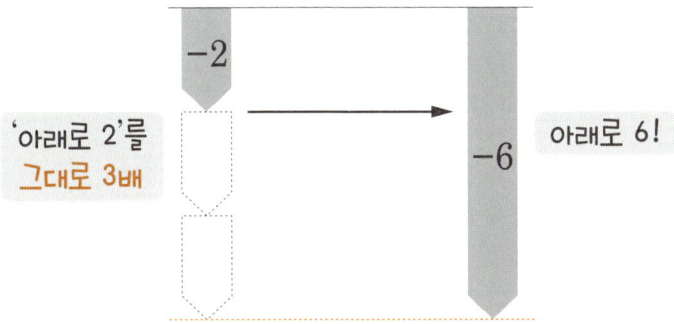

 이 문제도 이해할 수 있겠지?

이제 이 이미지를 기초로 해서 또 두 단계로 풀어 보자.

① 부호(파워의 종류)를 정한다

음수를
'그대로 3배'
하면 되므로 답도
마이너스(-)
파워를 갖게
되지.

② 숫자(파워의 크기)를 정한다

파워의 크기를
3배하면,
2 × 3 = 6

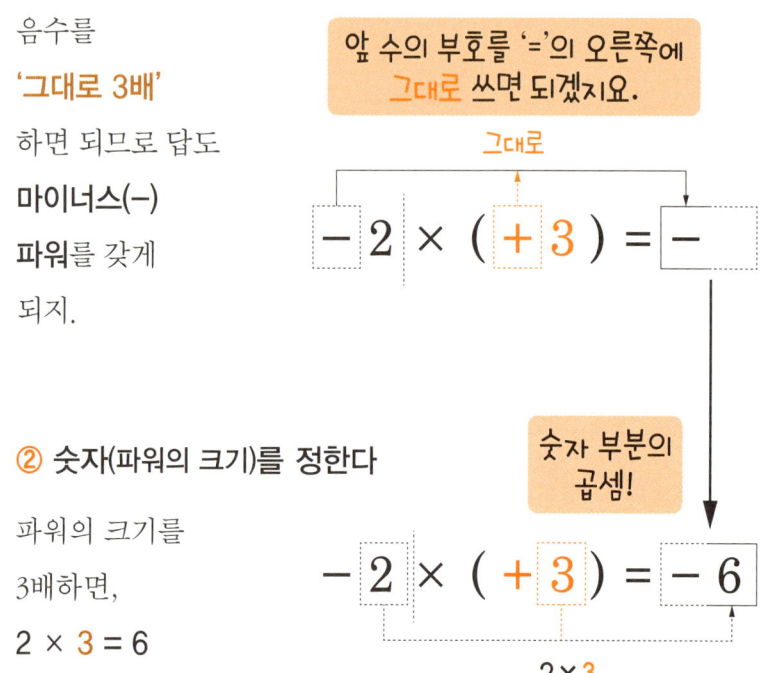

---

**포인트 07**

## 파워 변환 시스템: 양수를 곱한다

① '='의 오른쪽에 앞 수의 부호를 그대로 적는다.
② 부호의 오른쪽에 숫자 부분을 곱한 값을 적는다.

---

 어때? 이미지를 그리면서 문제를 푸니까 쉽지?
그럼 이제 **양수**를 곱하는 유형의 연습 문제에 도전해 볼까.

### 연·습·문·제

다음 (1)~(3)의 식을 계산하여라.

(1) $-2 \times (+2)$　　(2) $+1 \times (+3)$　　(3) $-1 \times (+2)$

**해답**

(1)

$\boxed{-}2 \times (\boxed{+}\boxed{2}) = \boxed{-}$ ← 그대로

$\boxed{-}2 \times (\boxed{+}\boxed{2}) = \boxed{-4}$　　(답) $-4$ 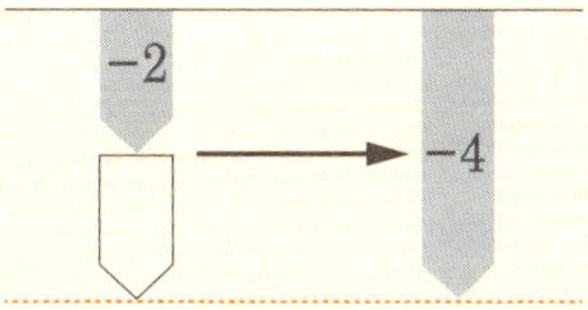
　　　　　　　(2 × 2)

(2)

$\boxed{+}\boxed{1} \times (\boxed{+}\boxed{3}) = \boxed{+}$ ← 그대로

$\boxed{+}\boxed{1} \times (\boxed{+}\boxed{3}) = \boxed{+3}$　　(답) $3$ 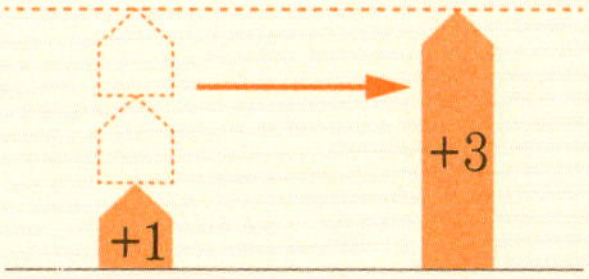
　　　　　　　(1 × 3)

(3)

$\boxed{-}\boxed{1} \times (\boxed{+}\boxed{2}) = \boxed{-}$ ← 그대로

$\boxed{-}\boxed{1} \times (\boxed{+}\boxed{2}) = \boxed{-2}$　　(답) $-2$
　　　　　　　(1 × 2)

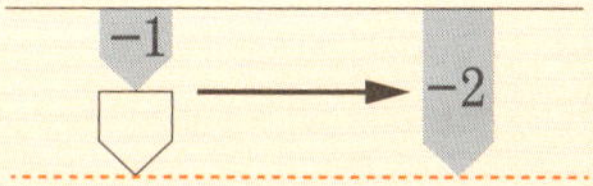

 이 유형의 문제도 익숙해지면 한 번에 풀 수 있단다.

이번에는 '**분수**'에 **양수**를 곱하는 계산에 대하여 알아보자.

$$\frac{2}{3} \leftarrow \text{분자}(分子) \\ \leftarrow \text{분모}(分母)$$

 엄마가 아이를 업고 있는 모습이네!

'산수'에서 공부한 '**약분**'을 사용할 건데, 기억나니?

 '분모와 분자를 같은 수로 나누어 간단한 꼴로 만드는 작업'
이죠?

 그렇단다. 예를 들면 말이지,

$$\frac{\cancel{4}^2}{\cancel{2}_1} = 2 \quad \leftarrow \quad \frac{4}{2} = \frac{4 \div 2}{2 \div 2} = \frac{2}{1} = 2$$

**2**로 약분(분모와 분자를 **2**로 나눈다)

$$\frac{\cancel{12}^3}{\cancel{8}_2} = \frac{3}{2} \quad \leftarrow \quad \frac{12}{8} = \frac{12 \div 4}{8 \div 4} = \frac{3}{2}$$

**4**로 약분(분모와 분자를 **4**로 나눈다)

이렇게 푸는 거란다. **분수의 곱셈**에서는 아래와 같이 곱셈을 하고 나서 약분해도 좋지만,

$$\frac{1}{2} \times 4 = \frac{4}{2} = \frac{\cancel{4}^2}{\cancel{2}_1} = 2$$

$$\frac{1}{2_1} \times \cancel{4}^2 = 2$$

 분모와 정수를 계산 전에 약분하면 편하구나~

이렇게 **곱하기 전에 약분**을 하면 계산이 훨씬 쉬워진다는 점도 기억해라.

 식에 **음수**가 들어 있어도 똑같은 방법으로 약분하면 돼요?

 그렇단다. 이제 '**파워 변환 시스템(포인트 07)**'에 따라 계산하면 되지.

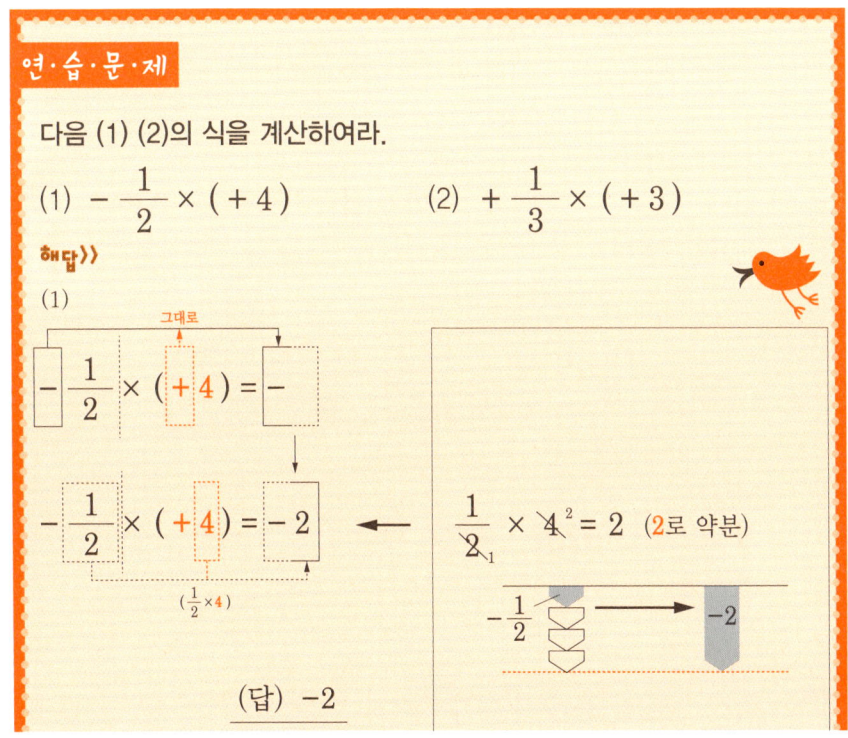

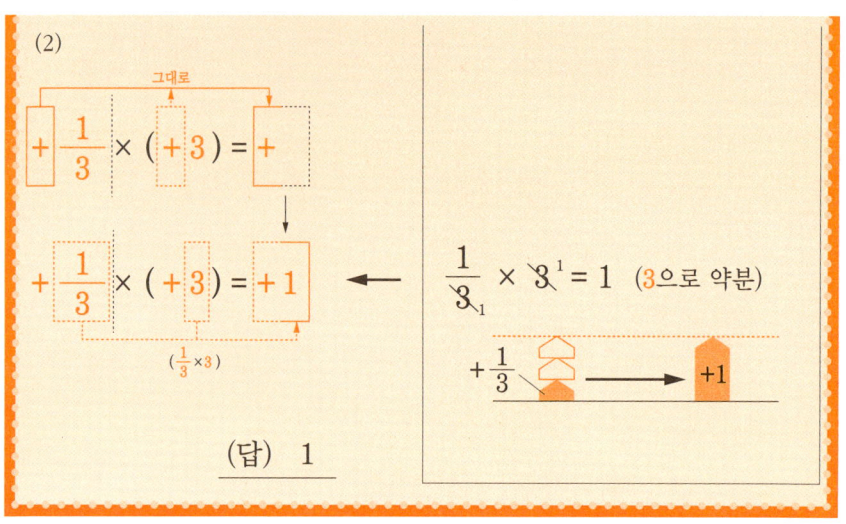

---

**예제 (곱셈: 음수를 곱한다)**
다음 (1) (2)의 식을 계산하여라.
(1) $+2 \times (-3)$ (2) $-2 \times (-3)$

 먼저 (1)부터 살펴볼까. 아까와 마찬가지로 '×' 앞에서 식을 나누어 보자.

$$+2 \mid \times (-3)$$

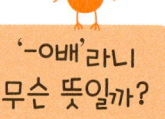

이렇게 하면 '+2'를 '−3'배로 한다!는 것의 의미가 이미지로 떠오르지?

 네? '−3배'라고요? 무슨 말인지 모르겠어요.

한 번 생각해 보렴.

**양수**와 음수는 성질이 **정반대**이다.

앞에서 배웠는데 기억하지?

'+□배' → '부호는 그대로, □배'라는 뜻
'−□배' → '부호를 바꾸어, □배'라고 생각되지 않니?

 '**부호를 바꾼다**'는 건 어떤 의미인가요?

 그래프로 나타내 볼까?
(1)과 같이 기준이 되는 수가 **양수**인 경우 이런 이미지라고 볼 수 있지.

### 기준이 되는 수가 **양수**인 경우

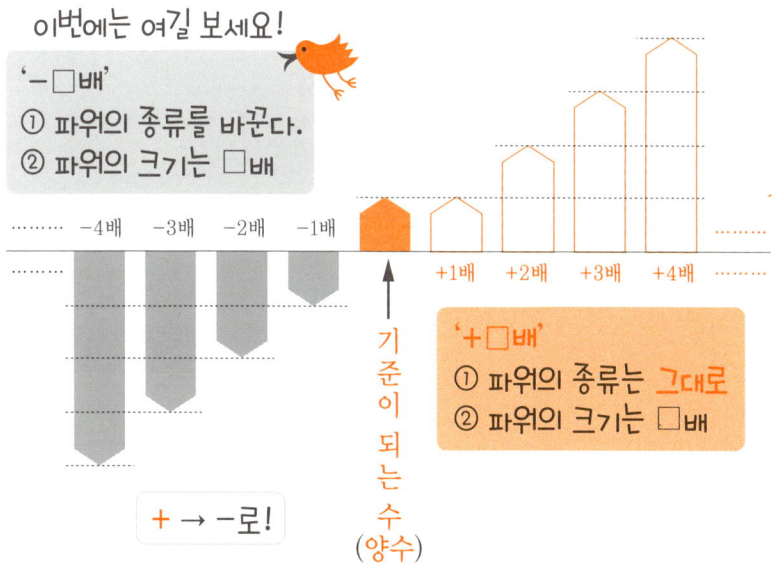

'+□배'의 그래프와 '−□배'의 그래프를 비교해 보면 **모습이 정반대**라는 걸 한눈에 알 수 있겠지?

와! 정말 그렇군요. '−□배'로 계산하면 그래프가 원래 향하던 방향에서 **뒤로 가는 느낌**이 들어요.

그렇지. 다시 말해 그래프에게 다음과 같이 명령하는 모습이라고 생각하면 흥미롭단다.

역시! 그러면 실제로는 어떻게 계산하죠?

먼저 예제 (1)을 그래프로 그려 보면 이런 이미지로 나타낼 수 있지.

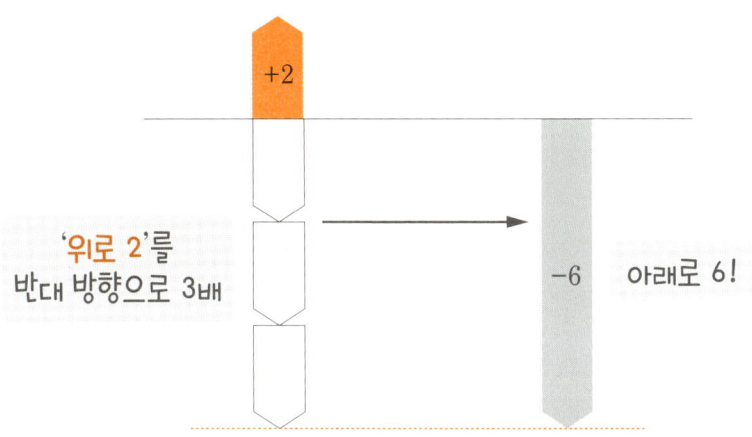

 이 이미지를 바탕으로 다시 두 단계로 풀어 보자.

① 부호(파워의 종류)를 정한다

**양수**를 '반대 방향으로 3배' 하면 되므로 답은 마이너스 (−) 파워를 갖게 되지.

② 숫자(파워의 크기)를 정한다

파워의 크기를 3배로 하면 $2 \times 3 = 6$

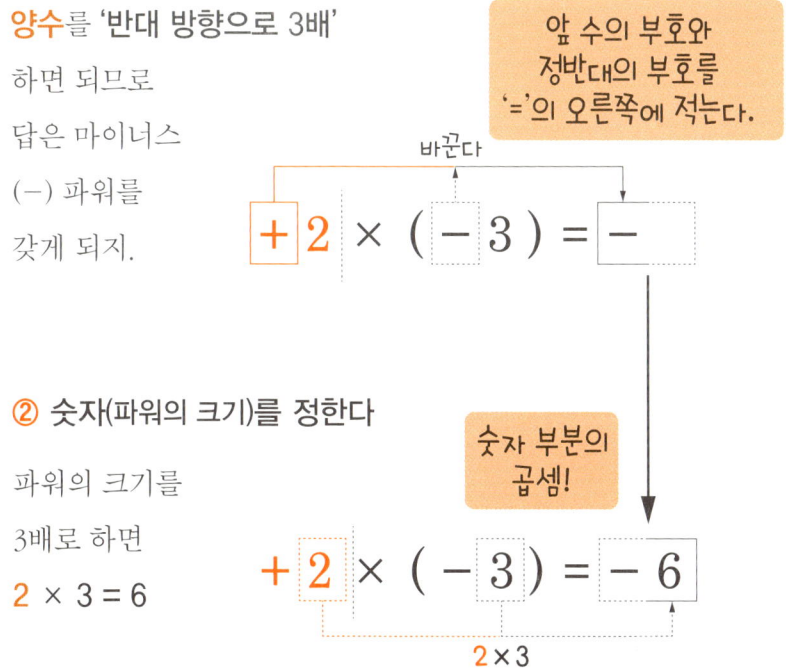

첫 번째 이야기 **양수와 음수**　**43**

좋았어. 이번에는 (2)번! 마찬가지로 'x' 앞에서 나누어 생각해 볼까.

$$+2 \mid \times (-3)$$

이렇게 하면, 식이 '−2'를 '−3'배한다!는 이미지로 떠오르지.

 음수를 '−□배'라고요? 이번에는 진짜 모르겠어요.

 음, 산수에서처럼 생각하기에는 어려움이 있지.
하지만 (1)번을 풀 때
'−□배' → '반대 방향으로 □배'라는 의미였듯이,
기준이 되는 수가 **음수**인 경우에도 같은 식으로 생각하면 되는 거란다.
자, 그럼 다시 그래프를 이용해서 이미지를 표현해 볼까.
(2)번처럼 기준이 되는 수가 음수인 경우에는 이런 이미지가 되는 거지.

기준이 되는 수가 음수인 경우

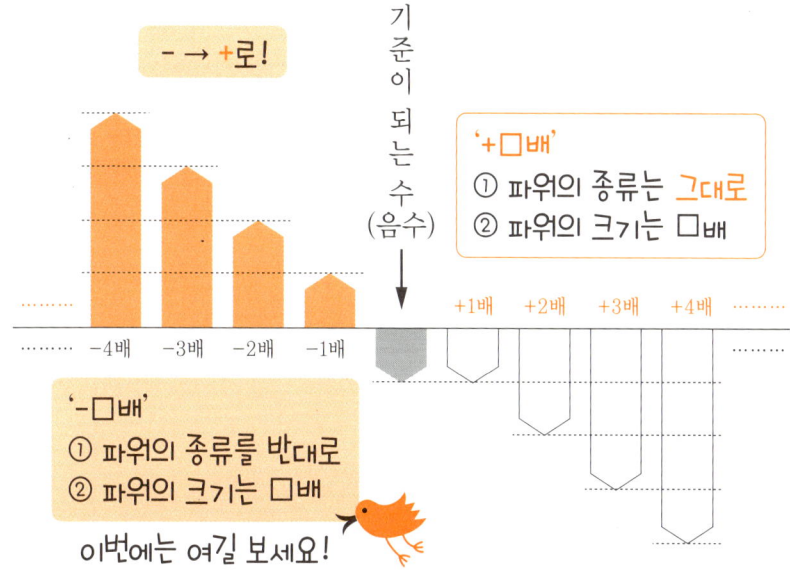

음수도 역시 '+□배'로 할 때와 '-□배'로 할 때가 **정반대**로 되는 거네요.

맞아. 바로 그거야! 그럼 (2)번도 먼저 그래프로 그려 보자.

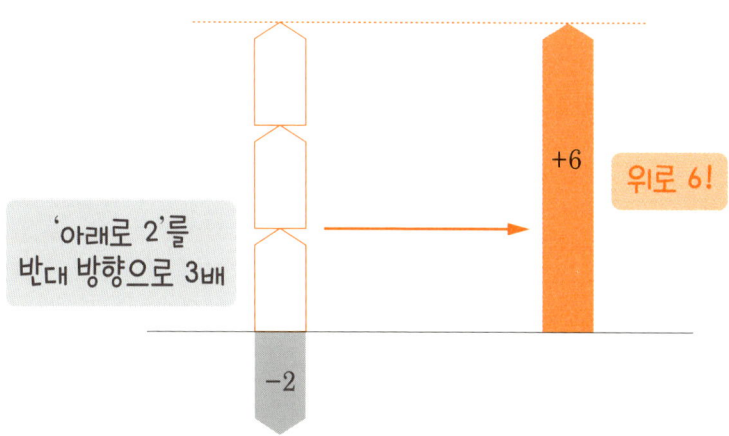

알겠지? 이 문제도 다시 두 단계로 풀어 보자.

① 부호(파워의 종류)를 정한다

음수를 '반대 방향으로 3배'
하면 되므로
답은
+파워를
갖게 되지.

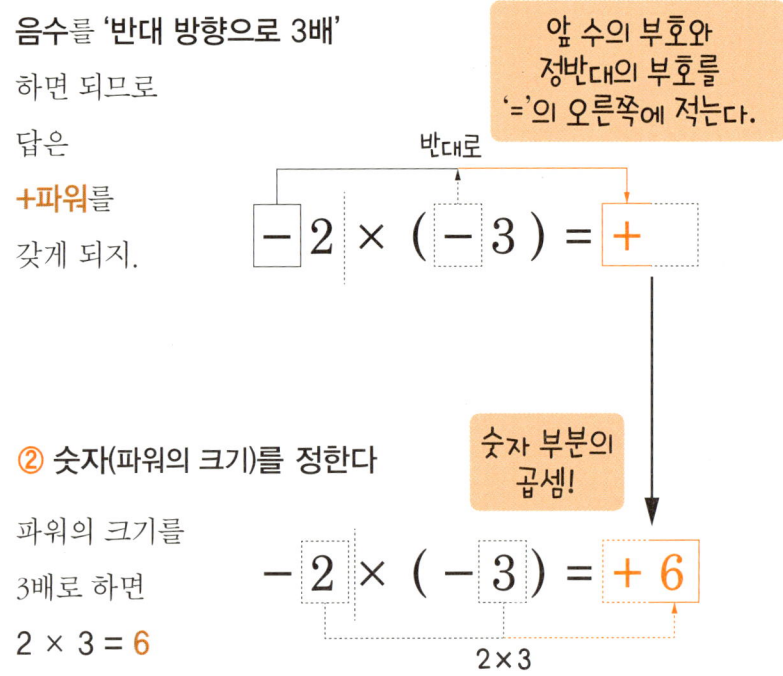

② 숫자(파워의 크기)를 정한다

파워의 크기를
3배로 하면
2 × 3 = 6

> **포인트 08**
>
> **파워 변환 시스템: 음수를 곱한다**
>
> ① '='의 오른쪽에 앞 수의 부호와 정반대 부호를 적는다.
> ② 부호의 오른쪽에 숫자 부분을 곱한 값을 적는다.

 그러면 **음수**를 곱하는 유형의 문제를 풀어 보렴.

### 연·습·문제

다음 (1)~(3)의 식을 계산하여라.

(1) $-2 \times (-2)$

(2) $+1 \times (-2)$

(3) $-1 \times (-3)$

**해답》**

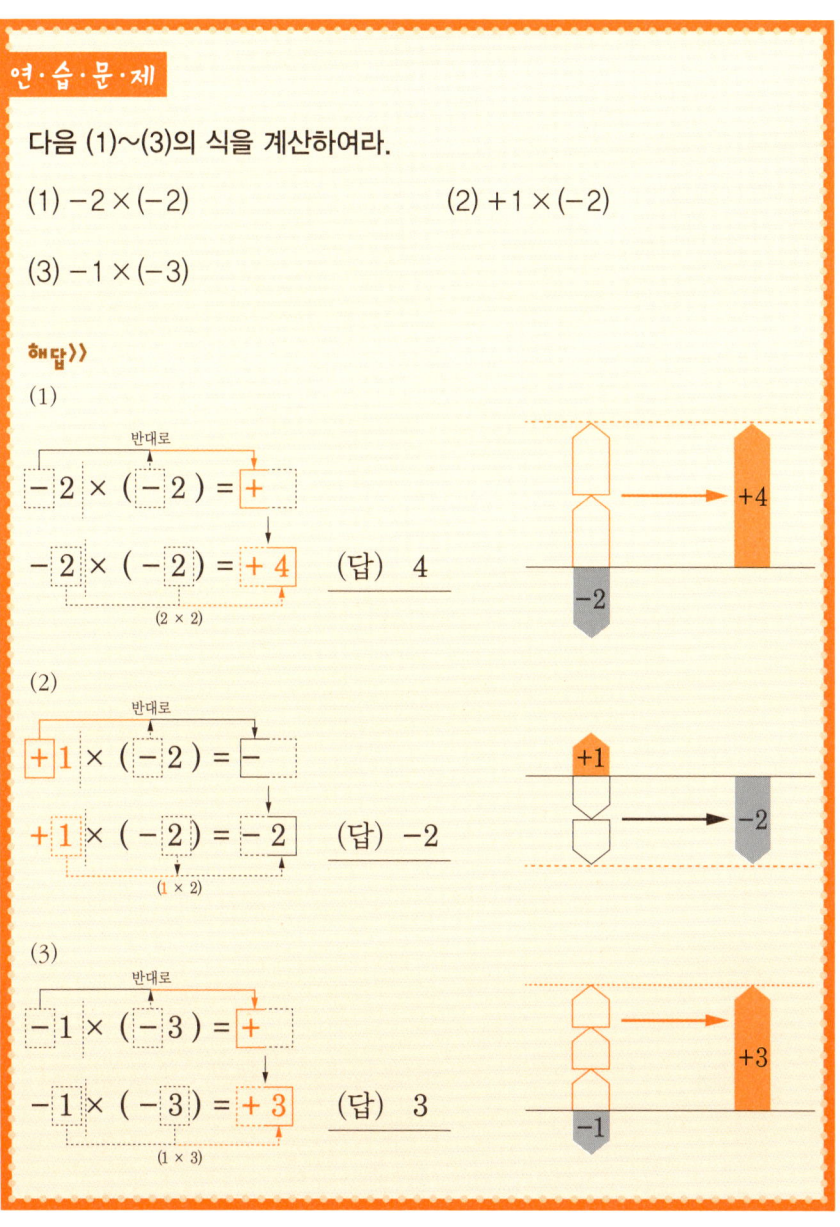

이러한 유형도 가능하면 한 번에 푸는 연습을 하도록!

다음은 '나눗셈'에 대해서 알아보자.

---
**예제 (나눗셈: 양수로 나눈다)**
다음의 식을 계산하여라.
$-6 \div (+3)$

---

 이 식에서는 단순하게 '−6'을 '+3'으로 나눈다!고 생각하면 되나요?

 그렇단다. 이 문제처럼 **양수로 나누는 계산**은 '산수'에서의 나눗셈과 같은 이미지로 풀 수 있지. 다시 말하면 이런 뜻이거든.

**어떤 수를 +□로 나눈다** → 어떤 수의 파워를 그대로 +□로 나눈다

그러므로 이 문제의 경우, 아래와 같은 개념으로 곧바로 풀 수 있지.

**−6을 +3으로 나눈다** → −6의 파워를 그대로 3으로 나눈다

다만, 앞으로 배울 내용을 위해 '수학'에서는 다음과 같은 개념도 익혀 두면 좋단다.

어떤 수를 +□로 나눈다

→ 어떤 수의 파워를 그대로 □로 나눈다

→ 어떤 수의 파워를 그대로 $\frac{1}{□}$로 한다

→ 어떤 수의 파워를 그대로 $\frac{1}{□}$배한다

따라서 이 문제를 다음과 같이 생각하고 풀 수도 있지.

−6을 +3으로 나눈다 → −6의 파워를 그대로 $\frac{1}{3}$배한다

 아! 그렇군요.

 이 문제도 먼저 그래프로 나타내면 이런 모습이 될 거야.

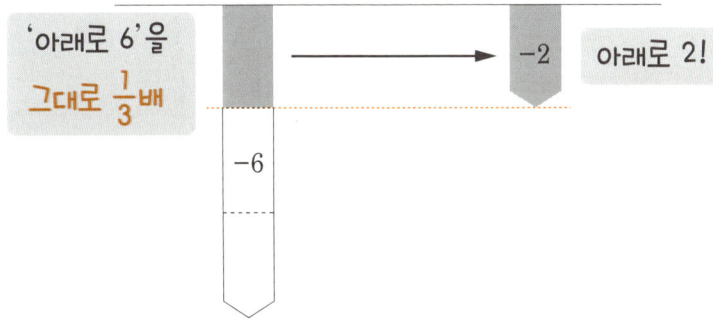

그렇다면 두 단계로 생각해 볼 시간!

① 부호(파워의 종류)를 정한다

**음수**를

'그대로 $\frac{1}{3}$배'

하면 되므로

답은

**마이너스(−)**

**파워**를 갖게 된단다.

② 숫자(파워의 크기)를 정한다

파워의 크기를

**3**으로 나누면

$6 \div 3 = 2$

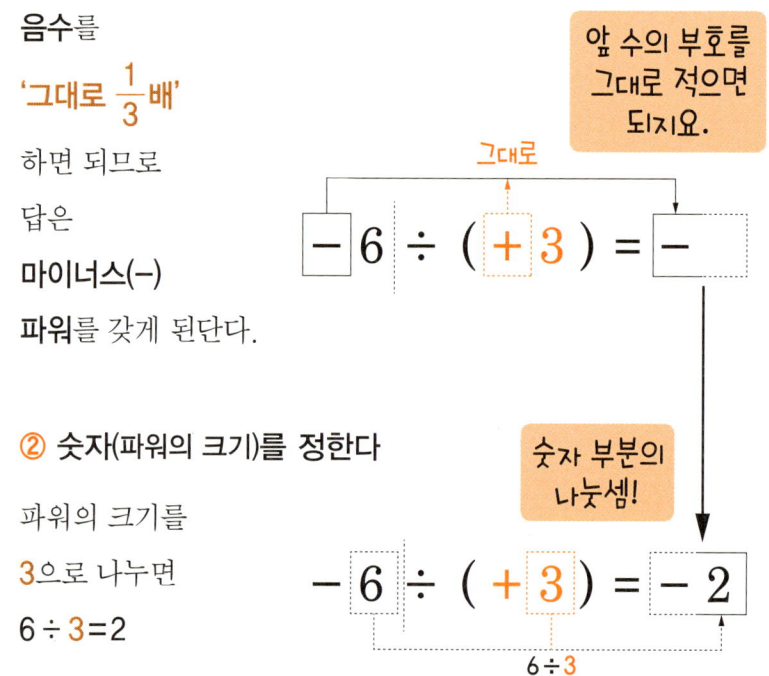

**포인트 09**

### 파워 변환 시스템: 양수로 나눈다

① '='의 오른쪽에 앞 수의 부호를 그대로 적는다.
② 부호의 오른쪽에 숫자 부분을 나눈 값을 적는다.

**양수**로 나누는 유형의 문제도 익숙해지면 한 번에 풀도록! 자, 그럼 연습 문제로 가 보자.

## 연·습·문·제

다음 (1)~(3)의 식을 계산하여라.

(1) $-4 \div (+2)$

(2) $+3 \div (+3)$

(3) $-2 \div (+2)$

**해답〉〉**

(1)

$-4 \div (+2) = -$ (그대로)

$-4 \div (+2) = -2$  (답) $-2$

(2)

$+3 \div (+3) = +$ (그대로)

$+3 \div (+3) = +1$  (답) $1$

(3)

$-2 \div (+2) = -$ (그대로)

$-2 \div (+2) = -1$  (답) $-1$

첫 번째 이야기 **양수와 음수**  51

> **예제 (나눗셈: 음수로 나눈다)**
> 다음의 식을 계산하여라.
> $+6 \div (-3)$

 네? **음수**로 나눈다고요? 지금까지 들었던 이야기 중에서 가장 어려운걸요.

 확실히 **양수**로 나누는 경우와 달리 '산수'에서처럼 그대로 이미지를 만들기는 어려울 것 같구나. 다만, 여기서 기억을 하나 떠올려 보자.

**양수**와 음수는 성질이 정반대라고 했지?

'$\div(+\square)$'는, '**부호는 그대로**, $\frac{1}{\square}$배'라는 의미니까

'$\div(-\square)$'는, '**부호는 반대로**, $\frac{1}{\square}$배'의 의미라고 생각되지 않니?

 아뇨. 전혀 어떤 의미인지 감이 잡히질 않아요.

 그럼 이번에도 그래프를 사용해서 표현해 봐야겠구나.
기준이 되는 수가 **양수**이면, **음수**로 나누는 계산의 이미지는 이렇게 된단다.

### 기준이 되는 수가 양수인 경우

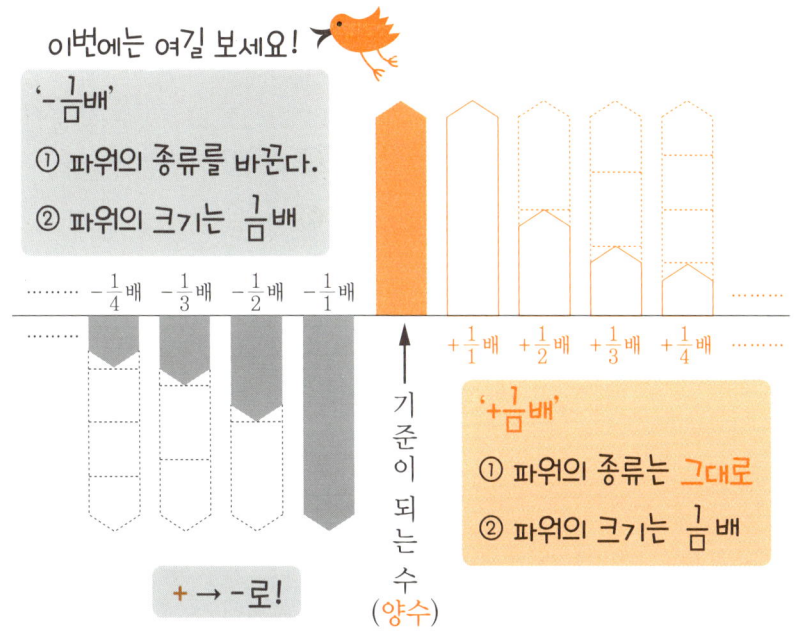

 잘 보아라.

'$+\frac{1}{\Box}$배'를 나타내는 그래프와 '$-\frac{1}{\Box}$배'를 나타내는 그래프가 정반대라는 사실을 알 수 있지.

 흠! 그런 의미구나······.

 잘 알겠니? 기왕 하는 김에, 이 문제와는 관계없지만 기준이 되는 수가 **음수**인 경우에는 **음수**로 나누면 어떻게 되는지 한눈에 볼 수 있게끔 그래프로 만들어 놓자.

역시 '$+\frac{1}{\square}$배'를 표현하는 그래프와 '$-\frac{1}{\square}$배'를 표현하는 그래프가 정반대로 되어 있구나.

**음수**로 나누면, 기준 그래프에서 반대 방향으로 후진하는 이미지네요.

그렇지! 다시 말해 그래프를 향해 이렇게 명령하는 거라고 생각하면 재미있지.

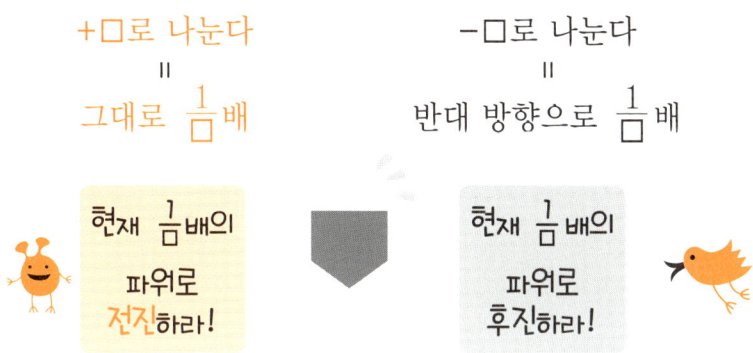

따라서 이 예제는 아래와 같이 생각하면 이해하기 쉽단다.

어떤 수를 $-\square$로 나눈다 → 어떤 수를 반대 방향으로 $\frac{1}{\square}$배한다

⬇

+6을 −3으로 나눈다 → +6을 반대 방향으로 $\frac{1}{3}$배한다

 조금씩 이미지가 또렷해져요.

 좋아! 그럼 이번에는 그래프로 나타내 보자.

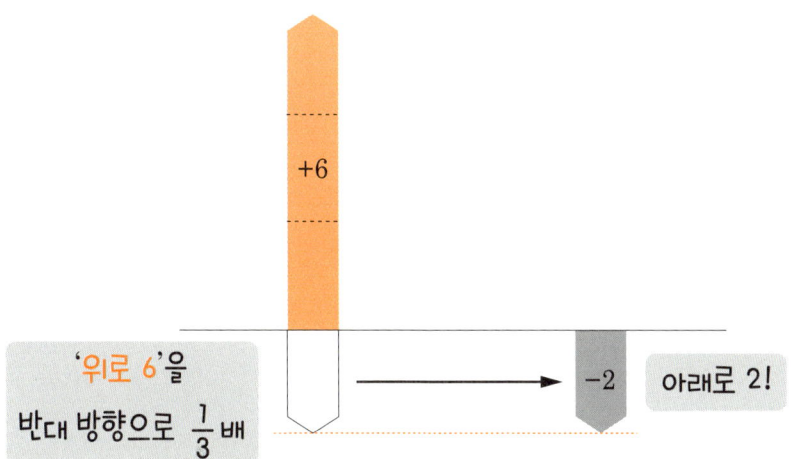

잘 알겠니? 이제 다시 두 단계로 풀어 볼까.

① **부호(파워의 종류)를 정한다**

**양수**를 '**부호를 반대로**'
하면 되므로
답은
**마이너스(−)**
**파워**를
갖게 되지.

② **숫자(파워의 크기)를 정한다**

파워의 크기를
3으로 나누면
6 ÷ 3 = 2

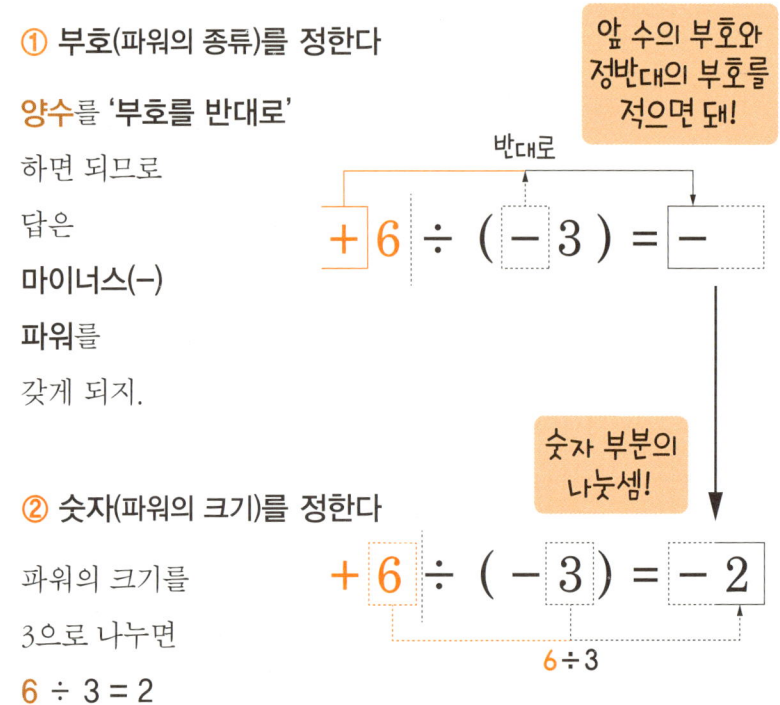

---

**포인트 10**

**파워 변환 시스템: 음수로 나눈다**

① '='의 오른쪽에 앞 수의 부호와 정반대의 부호를 적는다.
② 부호의 오른쪽에 숫자 부분을 나눈 값을 적는다.

---

 이제 **음수**로 나누는 유형의 연습 문제를 풀어 보자.

### 연·습·문·제

다음 (1)~(3)의 식을 계산하여라.

(1) $-4 \div (-2)$

(2) $+3 \div (-3)$

(3) $-2 \div (-2)$

**해답**

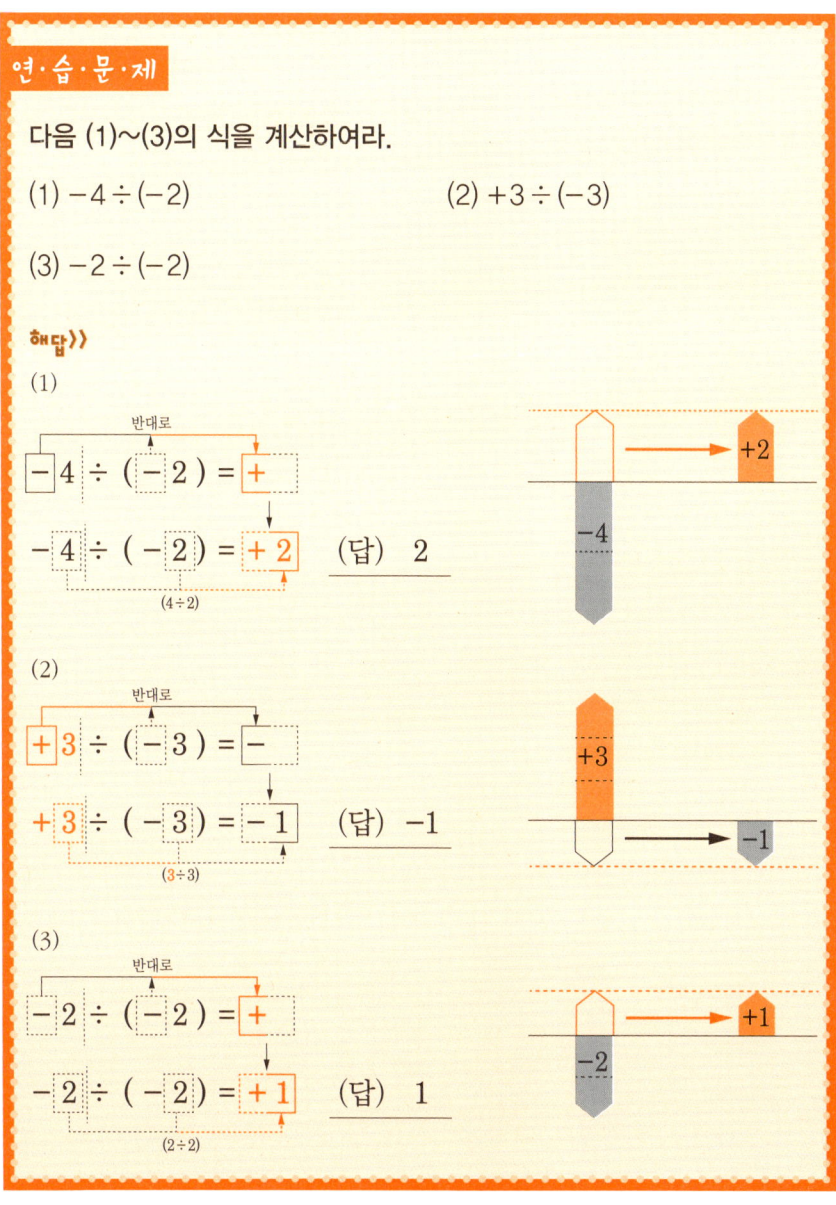

(1) (답) 2

(2) (답) -1

(3) (답) 1

🙂 마지막으로, **답이 분수가 되는 나눗셈**을 연습해 보자.
이런 문제도 기본적으로, 포인트 09와 10에 따라서 풀면 쉽겠지만 다음 세 가지 사항을 유의하기 바란다.

### 유의점 ①

* '÷' **앞**의 숫자가 분**자**가 된다.
* '÷' **뒤**의 숫자가 분**모**가 된다.

$$○ ÷ △ = \frac{○}{△}$$

### 유의점 ②

답은 반드시 약분한다.

### 유의점 ③

* 답이 가분수인 경우 대분수로 고치지 않아도 좋다.
  = 분자가 분모보다 클 경우 그대로 두어도 좋다.

①과 ②는 '산수'에서 배운 내용이므로 모두 잘 알고 있겠지만, ③은 '산수'에서 배운 내용과 다르니 특히 유의하자.

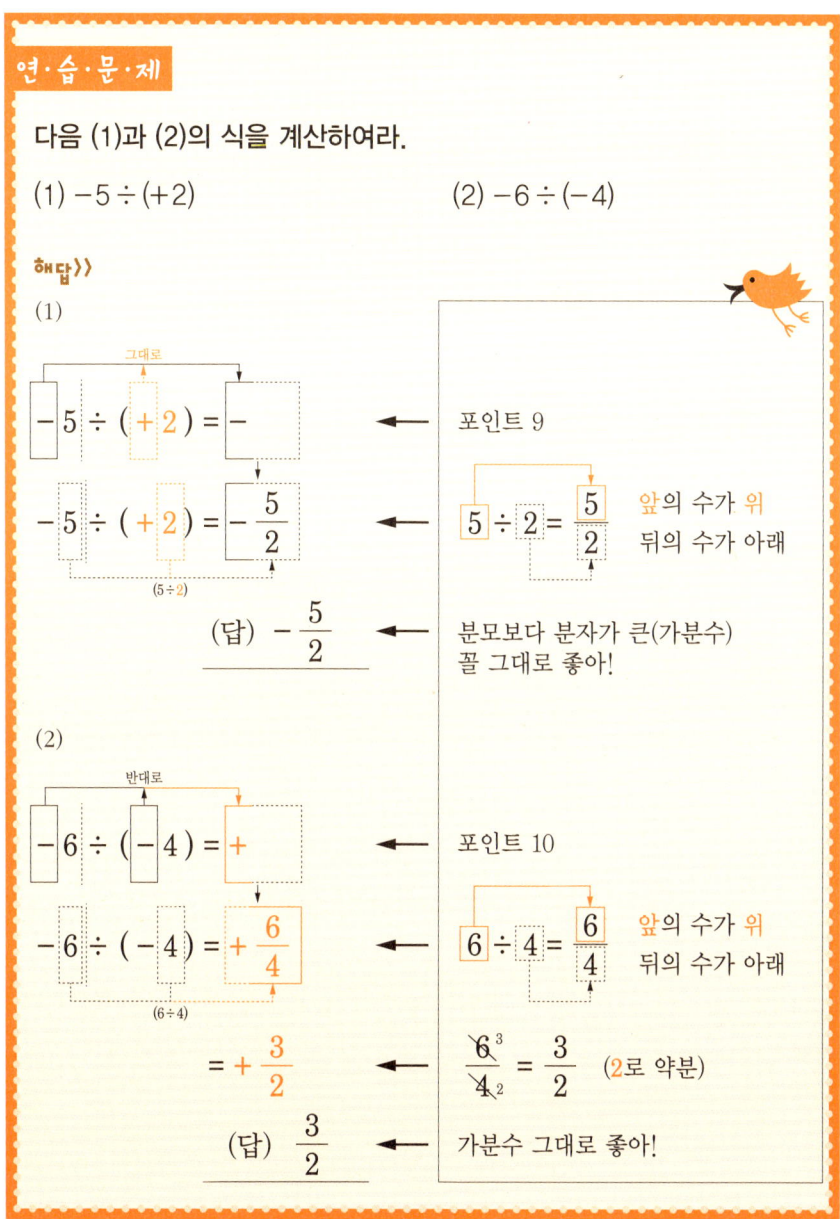

마지막으로 포인트 07~10의 요점을 정리해 보마.

**포인트 11**

### 파워 변환 시스템: 실전 버전

① 양수 $\genfrac{}{}{0pt}{}{\times}{\div}$ 양수 = 양수

② 음수 $\genfrac{}{}{0pt}{}{\times}{\div}$ 양수 = 음수

③ 양수 $\genfrac{}{}{0pt}{}{\times}{\div}$ 음수 = 음수

④ 음수 $\genfrac{}{}{0pt}{}{\times}{\div}$ 음수 = 양수

이 표를 머릿속에 넣어 두면 '곱셈과 나눗셈' 계산 문제를 풀 때 한순간에 부호를 떠올릴 수 있어서 편리하단다.

처음부터 이 표를 가르쳐 주셨으면 간단했을 텐데요.

'**양수**와 **음수**'의 계산 문제를 푸는 게 목적이라면 그래도 상관없을지 몰라.

하지만 이 책의 최종 목표는 '**방정식의 완전 마스터**'니까, 근본 개념을 반드시 알아 두어야 한단다.
즉, 포인트 11을 무조건 외워서 '**양수**와 **음수**'의 계산 문제를 풀 수 있게 된다 해도 방정식을 이해하는 데 조금도 도움이 되지 않으면 아무 의미도 없는 거지.

 역시 그렇군요.(웃음)

 아마 공부를 하면 할수록 이게 무슨 말인지 이해할 수 있을 거다.

1 문자식이란 무엇일까?

2 문자식은 이렇게 나타낸다!

3 항과 계수

4 문자도 '파워'를 가지고 있다!

5 '문자식'의 덧셈과 뺄셈

6 '문자식'의 곱셈과 나눗셈

# 01 문자식이란 무엇일까?

😊 좋았어! 이번에는 '**문자**'를 사용하여 수와 양의 관계를 나타내고, 계산 문제를 푸는 방법을 공부해 보자.

😮 네? '수학'에서 왜 '문자' 이야기가 나오죠?

😊 '산수'에서 '□'를 사용하여 **몇인지 알 수 없는 수**를 나타낸 적이 있지? '수학'에서는 '□' 대신에 '$x$'나 '$a$' 같은 알파벳 문자를 사용한단다. 예를 들어 볼게.

산수　　　수학
□ + 4　→　$x$ + 4
9 − □　→　9 − $a$

'□'를 '$x$'나 '$a$' 등의 알파벳으로 바꾸면 되는구나!

이렇게 '문자'가 들어 있는 식을 가리켜 **'문자식'**이라고 한단다.
그러면 다음 예제를 생각해 보자.

---

**예제 (문자식을 답하는 문제)**
다음 (1)~(4)의 내용을 '$x$'와 '$+ - \times \div$'의 기호를 사용한 식으로 답하여라.

(1) $x$보다 6 큰 수  (2) $x$보다 4 작은 수
(3) $x$를 3배한 수  (4) $x$를 2등분한 수

---

'$x$'는 어떤 숫자인지 모르는 거네요? 아, 어려워요.

좋아, 여기서 비밀 테크닉을 하나 가르쳐 주마.
만일 '$x$'가 1, 2, 3 …… 같은 '숫자'라면 정말 쉽게 생각할 수 있겠지.
먼저 **'$x$' 대신에 '숫자'를 사용하여 답을 이미지로 그려 본 다음 그 '숫자'를 다시 '$x$'로 바꾸면 된단다.**
선생님은 이 방법을 **'문자식 연상법'**이라고 하지. 자, 그럼 예제 (1)을 이 방법으로 풀어 보자.

(1) $x$ 보다 6 큰 수

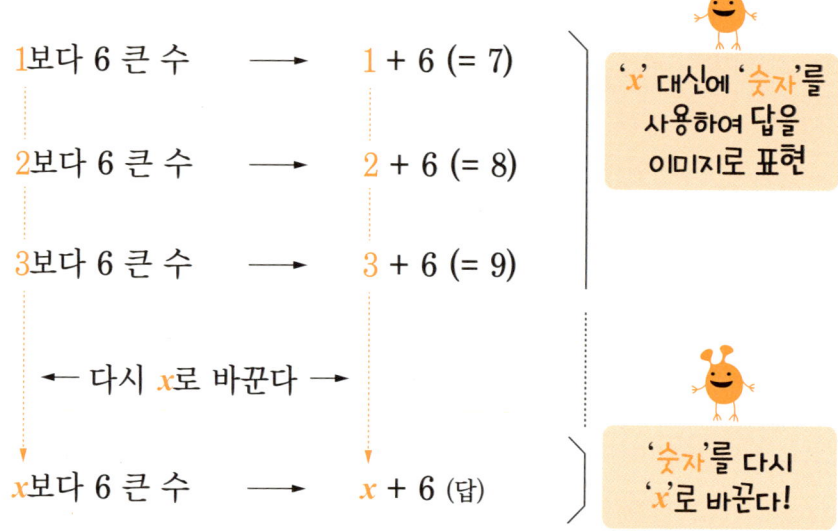

이 '$x+6$'이라는 식이 바로 답이란다.

**포인트 12**

### 문자식 연상법

① '문자' 대신에 '숫자'를 사용하여 답을 이미지로 그려 본다.
② 그 '숫자'를 '문자'로 다시 바꾼다.

 앗! 선생님, 뭔가 빠뜨린 것 같은데요?
'$x+6$'의 답을 계산해야 하는 거 아네요?

음, 반대로 질문을 해 보마. 'ロ+6'이라는 식이 있다면, 그 이상 계산할 수 있겠니?

 아! 그건…….

 'ロ'와 '숫자'를 더하거나 뺄 수 없는 것처럼 '$x$'와 '숫자'도 더하거나 뺄 수 없단다. 그러므로 이 문제의 답은 '$x+6$'이라는 '식'의 꼴이 되는 거지.

**포인트 13**

### 문자와 숫자의 식

'문자'와 '숫자'로 '더하기·빼기' 계산은 할 수 없다.

이번에는 (2)~(4)를 같은 방법으로 풀어 보자.

(2) $x$ 보다 4 작은 수

5보다 4 작은수 ⟶ 5 − 4 (= 1)

6보다 4 작은수 ⟶ 6 − 4 (= 2)

7보다 4 작은수 ⟶ 7 − 4 (= 3)

$x$보다 4 작은수 ⟶ $x$ − 4 (답)

① '숫자'로 답을 이미지로 표현

② 다시 '$x$'로 바꾼다!

(3) $x$를 3배로 한 수

1을 3배로 한 수 ⟶ 1 × 3 (= 3)

2를 3배로 한 수 ⟶ 2 × 3 (= 6)

3을 3배로 한 수 ⟶ 3 × 3 (= 9)

$x$를 3배로 한 수 ⟶ $x$ × 3 (답)

 ① '숫자'로 답을 이미지로 표현

 ② 다시 '$x$'로 바꾼다!

(4) $x$를 2등분한 수

2를 2등분한 수 ⟶ 2 ÷ 2 (= 1)

4를 2등분한 수 ⟶ 4 ÷ 2 (= 2)

6을 2등분한 수 ⟶ 6 ÷ 2 (= 3)

$x$를 2등분한 수 ⟶ $x$ ÷ 2 (답)

① '숫자'로 답을 이미지로 표현

 ② 다시 '$x$'로 바꾼다!

비법을 조금씩 알 것 같아요.

 그래? '문자식 연상법'은 어디까지나 문자식 초보자를 위한 요령이니까 익숙해지면 한번에 척척! 답이 나오게 해야 해. (문장의 내용을 수식으로 나타내는 본격적인 연습은 네 번째 이야기에서 할 거야.)

그리고 (3), (4)와 같은 **문자식의 '곱셈과 나눗셈'**에는 더 쉬운 표시 방법이 있는데 그건 다음에 가르쳐 주지.

# 02 문자식은 이렇게 나타낸다!

😊 사실은 지금까지 공부한 '문자식'에는 숫자만으로 된 식에는 없는 '**특별 법칙**'이 있단다.

😟 네? 어떤 법칙인데요?

😊 여러 가지가 있지만, 쉽게 말하면 '**계산 기호를 생략하는 일이 있다**'는 거야. 여기서는 주로 어떤 기호를, 어떤 경우에, 어떻게 생략하는지 공부해 보자.

① 덧셈과 뺄셈

😊 예를 들어, 다음과 같은 '문자식'의 덧셈과 뺄셈이 있어.

(1) $x+6$    (2) $x-4$

'+', '−'만은 생략할 수 없구나~

식에 있는 '+' '−' 기호는, 나중에 공부하는 '×'나 '÷'와 달리, **절대로 생략할 수 없어**. 다시 말해 (1)과 (2)의 식은 더 간단한 꼴로 만들 수 없단다.

 네. 그렇다면 '+'와 '−'는 그대로 둬야 하나요?

 그렇단다.

---

**포인트 14**

**문자식 덧셈, 뺄셈의 표시 방법**

'+'와 '−'는 생략할 수 없다(+와 −는 그대로 둔다).

---

② 곱셈

 **문자식의 곱셈 표시 방법**에서는 기억해야 할 사항이 세 가지 있지. 그중에서 먼저 두 가지를 알려 주마.

① '×' 기호는 생략할 수 있다.
② '문자'와 '숫자'의 곱셈에서는 '숫자'를 앞에 쓴다.

예를 들어, 다음 (3)과 같은 '문자식'의 곱셈을 보자. ①과 ②의 법칙을 적용하면 어떻게 나타낼 수 있을까?

(3) $x \times 3$

제가 해 볼게요.

① '숫자'가 앞

$$3\,x\,(\times)\,3 = 3x$$

② '×'는 생략

잘했어! 그리고 반대로, '$3x$'로 표시된 식을 '3과 $x$의 곱셈'이라는 뜻으로 금세 알아차릴 수 있어야 해.
그럼 이제 곱셈의 세 번째 법칙!

③ '1' '−1'과 '문자'의 곱셈에서는 1을 생략한다.

$$1 \times x = x$$
$$-1 \times x = -x$$

'1'이나 '−1'과 '문자'의 곱셈에서는 '1'을 생략!

예를 들면 위와 같이 '1'을 생략하고 표시한다. '$1x$'나 '$-1x$'라고 쓰지 않도록 주의해라. 다른 사람 앞에서 이렇게 썼다가는 정말 망신이거든!

포인트 15

## 문자식의 '곱셈' 표시 방법

① 'x' 기호는 생략한다.

② '문자'와 '숫자'의 곱셈에서는 '숫자'를 앞에 쓴다.

③ '1' '-1'과 '문자'의 곱셈에서는 1을 생략한다.

**연·습·문·제**

다음 식을 포인트 15에 따라서 표시하여라.

(1) $x \times 4$  (2) $x \times (-1)$  (3) $x \times 4 + 2$

**해답**

(1) $x \times 4 = 4x$ ← × 생략, '숫자'가 앞에 위치

(2) $x \times (-1) = -x$ ← '$-1x$'라고 쓰지 않는다. '1'은 생략

(3) $x \times 4 + 2 = 4x + 2$ ← '+'는 그대로

 이번에는 문장의 내용을 '문자식'으로 바꾸는 연습을 해 보자.

**연·습·문·제**

다음 (1)~(4)의 내용을 포인트 15에 따라서 표현하여라.

(1) $x$를 5배한 수

(2) $x$를 5배하여 4를 뺀 수

(3) $x$를 3배한 수

(4) $x$를 3배하여 4를 더한 수

해답》

(1) $x \times 5 = 5x$　← ×는 생략, '숫자'가 앞
(2) $x \times 5 - 4 = 5x - 4$　← '−'는 그대로
(3) $x \times 3 = 3x$　← ×는 생략, '숫자'가 앞
(4) $x \times 3 + 4 = 3x + 4$　← '+'는 그대로

잘 이해되지 않는다면 '**문자식 연상법**'을 사용해 보렴.(문장을 문자식으로 바꾸는 연습은 네 번째 이야기에서 할 거란다.)

③ **나눗셈**

**문자식의 나눗셈** 표시 방법에서 기억해 두어야 할 사항은 한 가지뿐이야.

'÷' **기호는 사용하지 말고 '분수'로 표시**한다.

(4) $x \div 2$

이 식을 예로 들어 생각해 보자.

오른쪽 그림 1과 같이 '**나눗셈**' → '**분수**'로 바꿀 수 있었지?

그림 1

○ $\div$ △ $= \dfrac{○}{△}$

앞이 위
뒤가 아래

(4)도 마찬가지로 '분수'의 꼴로 나타낼 수 있단다.

그림 2

$x \div 2 = \dfrac{x}{2}$

그렇군요!

## 포인트 16

### 문자식의 '나눗셈' 표시 방법

'÷' 기호는 사용하지 말고 '분수' 꼴로 표시한다.

---

**연·습·문·제**

다음 식을 포인트 16에 따라서 표시하여라.

(1) $x \div 4$   (2) $x \div 6$

해답》

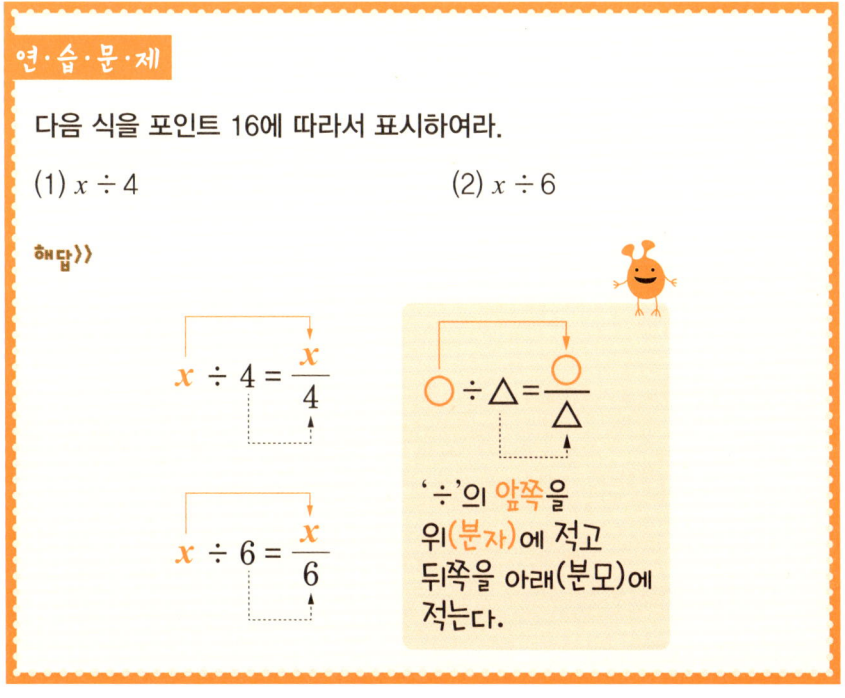

$$x \div 4 = \frac{x}{4}$$

$$x \div 6 = \frac{x}{6}$$

$$\bigcirc \div \triangle = \frac{\bigcirc}{\triangle}$$

'÷'의 앞쪽을 위(분자)에 적고 뒤쪽을 아래(분모)에 적는다.

 문자식을 나타낼 때는 '+와 −'는 그대로, '×와 ÷'는 생략하면 되는 거네요?

 그렇지. 잘 이해했구나.

# 03 항과 계수

 좋아! 그럼 이번에는 '**항**'과 '**계수**'라는 중요한 용어 두 가지에 대해 공부해 보자.

### ① 항

먼저 '**항**'부터 시작하자. 어렵다고 생각하지 말고,
식을 '**+나 −**' **앞에서 나누었을 때 형성되는 덩어리**라고 생각하면 이해하기 쉽단다.
예로, $-3x+4$라는 식을 '+ · −'의 앞에서 나누어 보자.

$$-\underset{\text{항}}{3x} \mid \underset{\text{항}}{+4}$$

식을 '+ · −'의 앞에서 나누었네.

보다시피 '$-3x$'와 '$+4$'로 나뉘었지?
이 두 덩어리를 각각 '$-3x+4$'의 항이라고 한단다.

포인트 17

## 항의 의미

식을 '+ · −'의 앞에서 나누었을 때 생기는 덩어리

 다시 말해 이 책에서는 다음과 같이 부르기로 하자.

'−3$x$'와 같이 **문자가 있는 항 → '문자 항'**
'+4'와 같이 **문자가 없는 항 → '숫자 항'**

특히 '$x$'라는 문자가 들어 있는 항은 '$x$항'이라고 부를 거야.

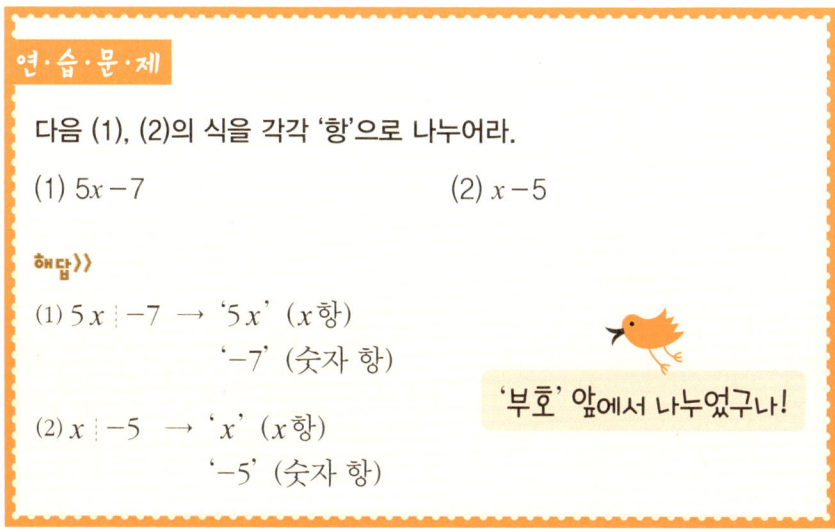

선생님! 첫 번째 이야기에서 **'파워 합성 시스템'**을 가르쳐 주셨을 때, 같은 말씀을 하셨죠? (☞ 23쪽)

 응, 그랬지. 그때는 **식을 두 '숫자 항'으로 나누었어.**(참고로, '숫자 항'의 정식 명칭은 '상수항'이란다.)

② **계수**

 다음으로는 **'계수'**에 대해 설명하마. 먼저 **문자의 왼쪽에 붙어 있는 수**라고 간단하게 기억해 두면 편리하지.
예를 들면 이렇단다.

'$5x$'의 계수는? ➝ 5
'$-3x$'의 계수는? ➝ $-3$

 '$x$'의 왼쪽에 붙어 있는 수를 말하는구나!

그러면 여기서 문제!
'$x$'의 계수는 뭘까?

 뭐, 뭐라고요?
'$x$'의 왼쪽 옆에는 숫자가 아무것도 없으니까…… '0'인가?

안타깝게도 틀렸구나.

포인트 15의 ③을 떠올려보자. (☞ 73쪽)

**'$x$'의 왼쪽에는 '1'이 생략되어 있다고 했지?**

그러므로 **'$x$'의 계수는 '1'**이 되는 거야.

잘 틀리는 거니까 신경 써서 기억해 두도록!

 으윽, 속이 울렁거려요!

 같은 이유로 **'$-x$'의 계수는 '-1'**이란다. 엉뚱하게 '-'라고 대답하지 않도록 유의해라.

 누구처럼 0이라고 대답해도 안 돼!

 헐!

---

**포인트 18**

### 계수의 의미

문자 왼쪽에 붙어 있는 수('□$x$'의 '□'를 말함)

※ 다만, '$x$'의 계수는 '1', '$-x$'의 계수는 '-1'

# 04 문자도 '파워'를 가지고 있다!

- 여기에서는 선생님이 개발한, **'문자도 파워를 가지고 있다!'**는 이론을 사용하여 **'문자 항'**을 이미지로 나타내는 방법을 설명하마.

- '문자'도 '수'처럼 이미지로 그린다는 뜻인가요?

- 그렇지. '수학'에서 '문자'는, 몇인지 모르지만 하여튼 '수'를 나타내기 때문이지.

- 하지만 몇인지 모른다면 파워의 **'종류'**도, **'크기'**도 알 수 없잖아요?

- 물론 그렇지. 하지만, **'문자 항'**의 꼴을 보고 알 수 있는 사항이 하나 있단다.
  '☐$x$'는 $x$의 ☐배가 되는 파워를 가지고 있다!

바로 이렇게 이미지를 떠올릴 수 있다는 사실이지.

'☐$x$'는,

☐$x$ = ☐ × $x$    '$x$'를 ☐배!

를 나타내기 때문이야.

그러면 ☐ 위치에 다양한 '숫자'를 넣어 보자.

**A** ☐(계수)가 **양수**일 때

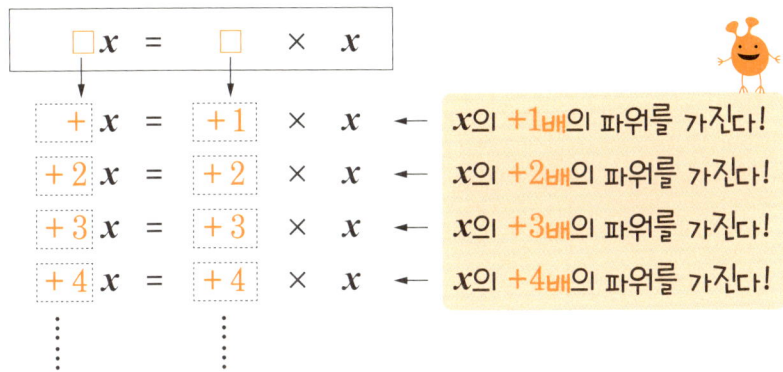

**B** ☐(계수)가 **음수**일 때

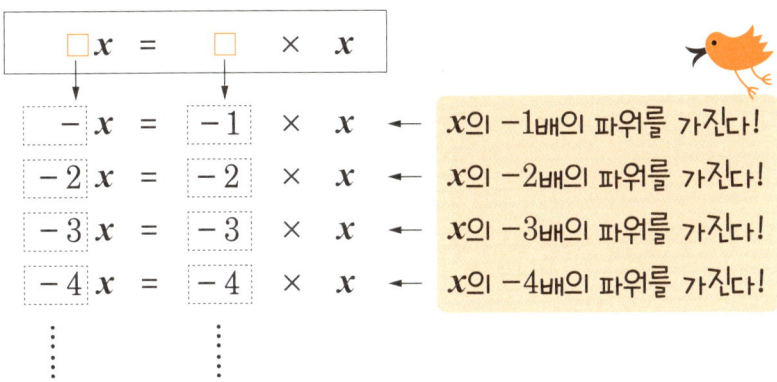

포인트 19

## '□$x$'의 이미지

□$x$는, $x$의 □(계수)배의 파워를 가지고 있다!는 이미지를 떠올리자.

 지금까지 배운 내용을 그래프로 나타내 볼까. 다만, '$x$'가 **양(+)의 파워**를 가졌는지 **음(−)의 파워**를 가졌는지 모르니까, 먼저 **위를 향하는 화살표**로 나타내자.

□$x$의 이미지

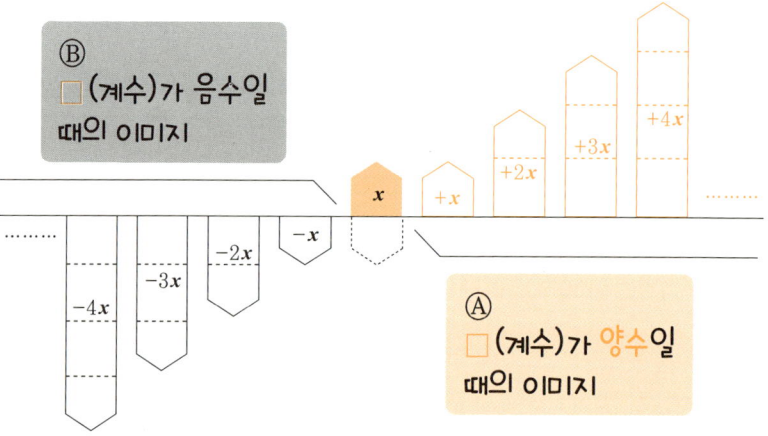

그리고 나서 이 그래프를 보면 다음과 같은 사실을 알 수 있단다. 반드시 잘 알아 두렴.

'$x$항' 두 개를 비교해 보았을 때,
계수의 **부호가 같다** → 두 항이 가진 **파워의 종류가 같다**
계수의 **부호가 반대** → 두 항이 가진 **파워의 종류가 반대**

# 05 '문자식'의 덧셈과 뺄셈

 자, 그러면 이번에는 **'문자식의 계산 문제'**를 푸는 방법에 대해 설명할게.

먼저 **'덧셈과 뺄셈'**에 대해서 보자.

---
**예제 (문자식의 덧셈과 뺄셈: 같은 부호의 항)**
다음의 문자식을 계산하여라.
$-2x - 3x$

---

 뭐, 뭐죠? 이 이상한 문제는? 이걸 계산하라고요?

 하하하! 사실 이 문제도 첫 번째 이야기에서 익힌 '비밀' 테크닉인 **파워 합성 시스템**을 응용하면 금세 풀 수 있지. (포인트 04) 이러한 문제가 나오면 먼저 다음과 같이, **식을 나누어 '항'으로 구분해 보자.**

$$-2x \mid -3x$$

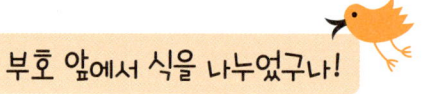 부호 앞에서 식을 나누었구나!

잘 보렴.

'−2$x$'와 '−3$x$'라는 두 개의 '$x$항'으로 나누었지? 사실은 이 문제는 '문자 항'의 덧셈과 뺄셈이나 마찬가지란다.

'−2$x$'와 '−3$x$'의 파워를 합하면 어떻게 될까? 하고 뜻을 바꿔 생각하면 무척 쉬울 거야.

 어? '$x$항'의 파워도 합할 수 있어요?

 그렇단다. 포인트 13에서 정리한 것처럼 '문자 항'과 '숫자 항'은 파워를 합할 수 없지만, 이번 문제처럼 양쪽 모두 '□×$x$'라는 의미인 경우에는 파워를 합할 수 있지.

'−2$x$'와 '−3$x$'의 두 $x$항은 **양쪽 모두 계수의 부호가 '−'로, 부호가 같다는 건 종류가 같은 파워를 가졌다**는 뜻이야.

 음, 그렇다면 어떤 이미지인가요?

벡터 그래프로 나타내 볼까? 이 경우에 각각의 항을 나타내는 그래프가 일직선이 되도록 연결해 보자. 바로 이러한 이미지 말이다.

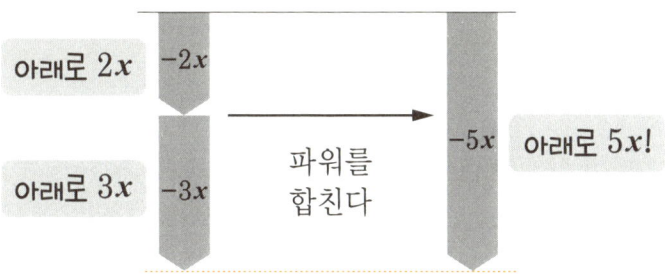

 어? 이거, 24쪽에 나온 그래프와 비슷하지 않아요?

 맞았어.
사실은 '$x$항'끼리의 계산도 '계수'에 주목해서 '숫자 항'끼리의 계산과 같은 이미지로 풀 수 있지.
다시 말해, **실제로 문제를 풀 때는 '양수와 음수'의 계산 문제와 다를 게 없단다.**

이제 상세한 계산 방법을 다음 두 단계로 설명해 주마.

① 답의 계수를 정한다

두 항의 계수가 가진
**파워**를 합하면,
$-2 -3 = -5$
(☞ 22쪽 예제)
이것이
답의 계수란다.

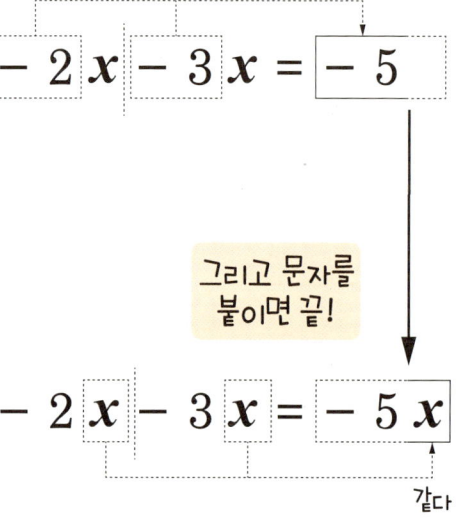

② '문자'를 붙인다

양쪽이 '$x$항'이므로
파워를 **합치면**
역시 '$x$항'이
된다.

**포인트 20**

문자식의 덧셈과 뺄셈

① '='의 오른쪽에 **계수만** 계산한 답을 적는다. (파워 합성 시스템)
② 그 오른쪽에 **두 항의 공통 문자**를 적는다.

 이 문제도 엄청 쉽게 풀리는군요! 하지만 이거 혹시 얕은 속임수 아녜요?

뭐야? 헤드록 맛 좀 볼래!

사실 이 문제는 식의 의미만 생각해도 다음과 같이 풀 수 있지.

$$-2x-3x$$
$$=-2\times x-3\times x \quad \leftarrow \text{'−2'와 '−3'을 각각 } x\text{배}$$
$$=(-2-3)\times x \quad \leftarrow \text{'−2'와 '−3'을 합하여 } x\text{배}$$
$$=-5x \quad \leftarrow \text{계수의 파워를 합한다.}$$

이런 의미라고 생각하자.

하지만 매번 이렇게 푼다면 무척 번거롭겠지? 그래서 **'$x$항'끼리의 덧셈과 뺄셈**에서는 예제처럼, 계수에 주목!해서 답을 이미지로 떠올려 풀면 된단다.

### 연·습·문·제

다음 (1)~(3)의 식을 계산하여라.

(1) $3x+x$  (2) $-2x-x$  (3) $-x-3x$

해답》

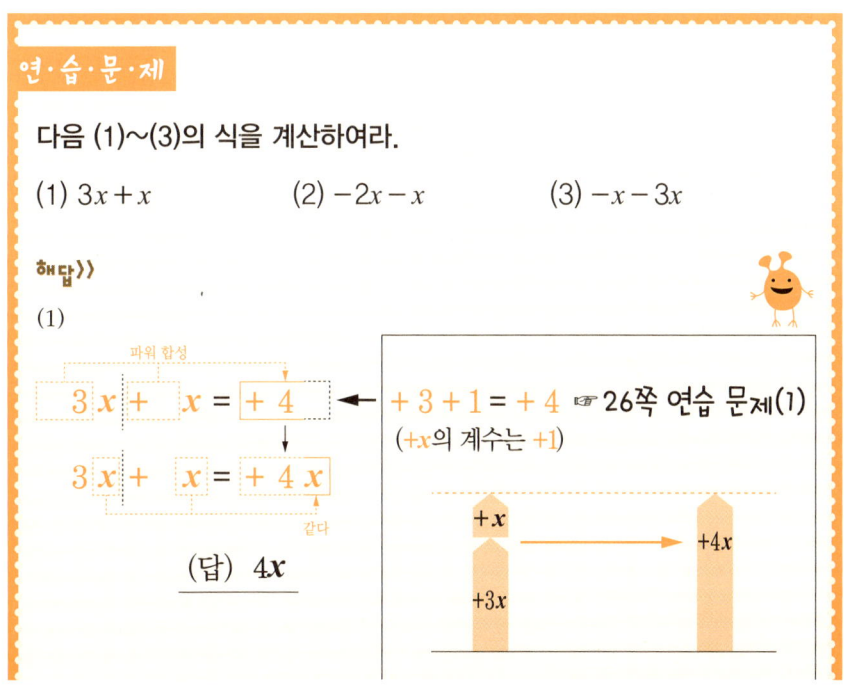

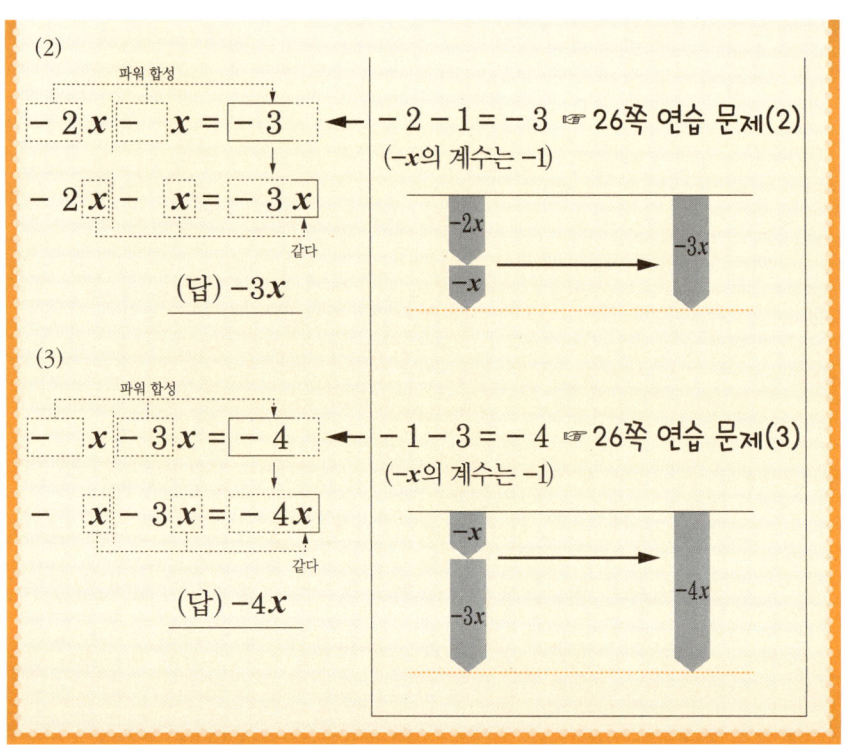

 이제 같은 방법으로 풀 수 있는 문제를 하나 낼 테니 풀어 보렴.

---

**예제 (문자식의 덧셈과 뺄셈: 반대 부호의 항)**
다음 문자식을 계산하여라.
$+ x - 3x$

---

이 식도 마찬가지로 항을 나누어 보자.

$+ x \mid - 3x$    익숙해지면 머릿속에서 바로 나누는 거야.

보다시피, '$+x$'와 '$-3x$'의 두 '$x$항'으로 나뉘지.
이 문제도 이전처럼, '$+x$'와 '$-3x$'의 파워를 합하면 어떻게 될까?라는 이미지로 떠올리면 무척 쉽게 이해할 수 있지.

 어떤 이미지를 떠올리면 좋을까요?

 이 두 항은 **계수의 부호가 반대**로 되어 있지? 그럼 **반대 종류의 파워를 가지고 있다**는 뜻이야. 이 경우는 두 항의 파워를 보여 주는 그래프를, 끝을 맞추어 평행으로 그어 보자.

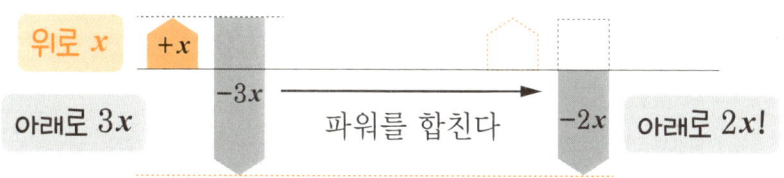

 엇! 이 그래프, 28쪽에 나온 그래프와 비슷한 것 같은데……

 맞았어. 다시 말해 이러한 유형의 문제도 **계수에 주목!**해서 '숫자 항'끼리의 계산과 같은 이미지로 풀면 된단다.

자, 이번에는 자세한 계산 방법을 두 단계로 설명할게.

① 답의 계수를 정한다

두 항의 계수가 가진
파워를 합하면,
+1 −3 = −2
(☞ 27쪽 예제).
이것이
답의 계수란다.

계수만 계산하여
'='의 오른쪽에
쓴다.

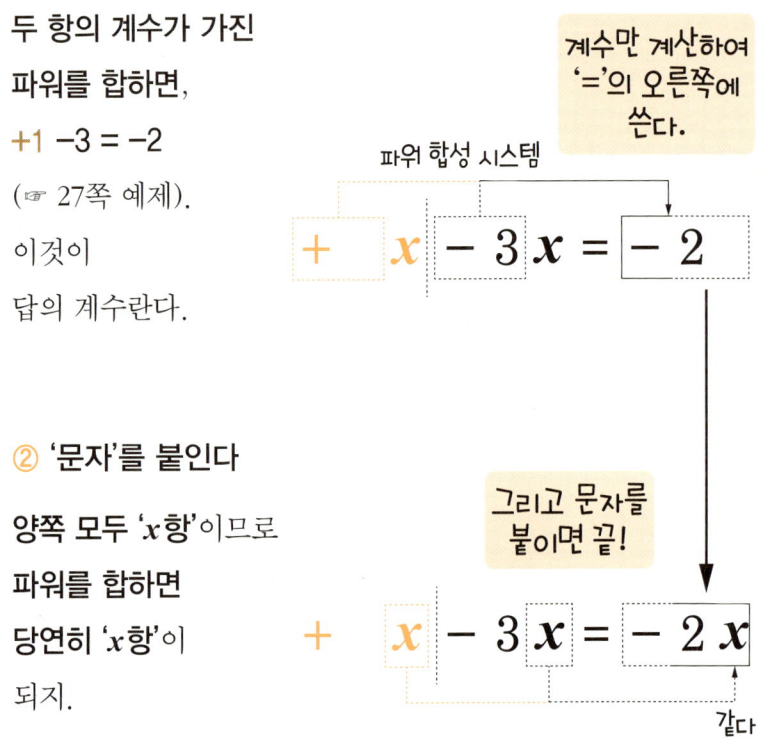

파워 합성 시스템

그리고 문자를
붙이면 끝!

② '문자'를 붙인다

양쪽 모두 '$x$항'이므로
파워를 합하면
당연히 '$x$항'이
되지.

같다

 역시! 첫 번째 이야기를 완벽히 이해하면 식은 죽 먹기네요.

 그렇지? 익숙해지면 1단계에서 재빨리 풀 수 있어.
다시 연습 문제로 가 보자.

**연·습·문·제** 문자식의 덧셈과 뺄셈: 반대 부호의 항

다음 (1)~(3)의 식을 계산하여라.

(1) $-3x+2x$      (2) $4x-x$      (3) $-2x+3x$

**해답》**

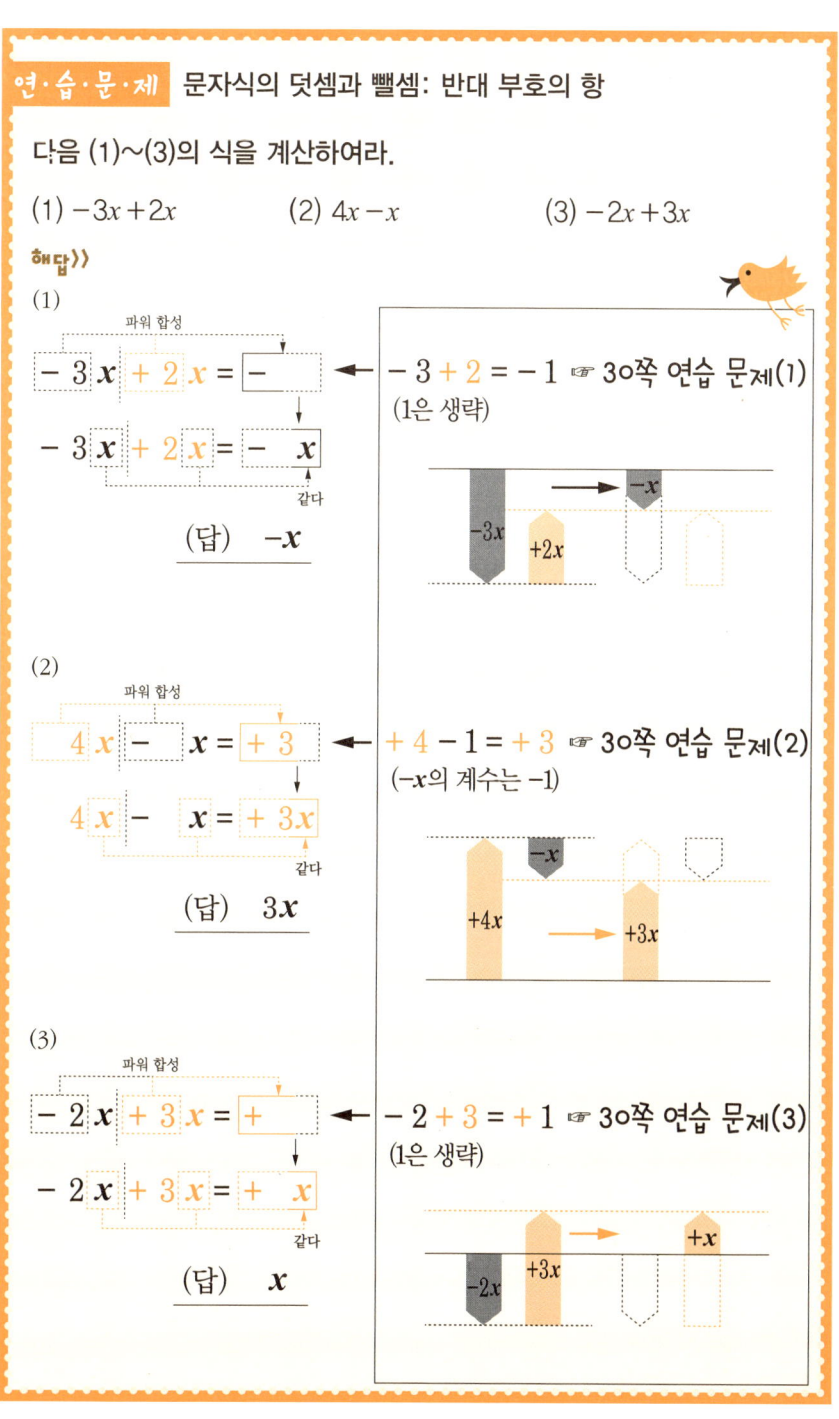

(1) $-3+2=-1$ ☞ 30쪽 연습 문제(1)
(1은 생략)
(답) $-x$

(2) $+4-1=+3$ ☞ 30쪽 연습 문제(2)
($-x$의 계수는 $-1$)
(답) $3x$

(3) $-2+3=+1$ ☞ 30쪽 연습 문제(3)
(1은 생략)
(답) $x$

# 06 '문자식'의 곱셈과 나눗셈

 이번에는 '**문자식의 곱셈**'에 대해서 설명해 주마.

> **예제 (문자식의 곱셈: 양수를 곱한다)**
> 다음의 식을 계산하여라.
> $-2x \times (+3)$

 으악! 또 의미를 알 수 없는 식이······.

 하하하! 사실은 이 문제도 첫 번째 이야기에서 익힌 **파워 변환 시스템**을 응용하면 매우 쉽게 풀 수 있단다. (포인트 07 · 08 참고)

먼저 '×' 기호 앞에서 식을 나누어 보자.

$$-2x \mid \times (+3)$$

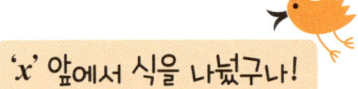

이렇게 나누어 살펴보면, 식을 '−2x를 +3배'한다!는 의미로 이미지가 떠오를 거야.

'어떤 항을 +□배' → '어떤 항의 파워를 그대로 □배'

따라서
'−2x를 +3배' → '−2x의 파워를 그대로 3배'

어때? 의미가 확실히 다가오지 않니? 그래프로 나타내 보자.

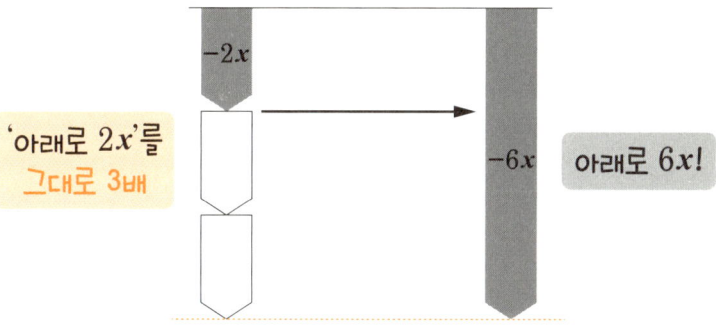

 이 그래프도 35쪽에 나왔던 것 같은데요.

 맞아. 여기서도 포인트는 **계수**란다. 다시 말해,

'문자 항'을 +□배하는 계산은, **계수**에 주목하면,
'숫자 항'을 +□배하는 계산과 비슷한 이미지로 풀 수 있지.

상세한 계산 방법을 설명해 보마.

① 답의 계수를 정한다

$x$항의 계수 '−2'를 +3배하면,

−2 × (+3) = −6

(☞ 31쪽 예제 (2))

이것이 답의 계수란다.

> '='의 오른쪽에 $x$항의 계수와 숫자 항을 곱한 답을 쓴다.

파워 합성 시스템

$$-2x \times (+3) = -6$$

② '문자'를 붙인다

'$x$항'이 가진 파워를 몇 배로 하는 계산이므로, **답도 '$x$항'**이 된단다.

> 그다음에 문자를 붙이면 끝!

$$-2x \times (+3) = -6x$$

같다

**포인트 21**

### '문자 항'과 '숫자 항'을 곱한다

1 '='의 오른쪽에 '문자 항'의 계수와 '숫자 항'을 곱한 값을 적는다.
　(파워 변환 시스템)

2 그 오른쪽에 '문자 항'에 사용되는 문자를 적는다.

 또 쉽게 풀렸네…….

선생님, 이 문제도 속임수의 비밀을 밝혀 주시죠!

하하, 알았어. 실은 이 문제도 식의 의미만 생각하면 다음과 같이 풀 수 있지.

$$-2x \times (+3)$$
$$= -2 \times x \times (+3) \quad \leftarrow \text{'}x\text{'를 되돌린다.}$$
$$= -2 \times (+3) \times x \quad \leftarrow \text{'}x\text{'와 '}(+3)\text{'의 위치를 바꾼다.}$$
$$= -6 \times x \quad \leftarrow -2 \times (+3) = -6$$
$$= -6x \quad \leftarrow \text{'계수'를 +3배로 한다.}$$

다만, 늘 이렇게 풀면 너무 느리거든. 따라서 이 유형의 문제를 풀 때도 먼저 **계수에 주목!**하자.

그리고 나서 전처럼 단순하게 이미지를 그려 보면 효과적이지.

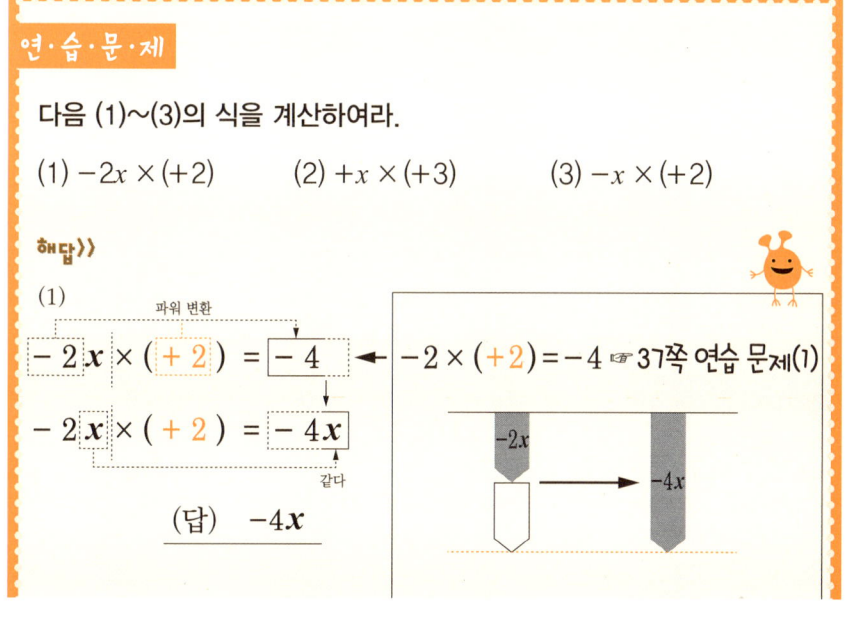

**연·습·문·제**

다음 (1)~(3)의 식을 계산하여라.

(1) $-2x \times (+2)$    (2) $+x \times (+3)$    (3) $-x \times (+2)$

해답》

(1)

파워 변환

$-2x \times (+2) = -4$   $\leftarrow -2 \times (+2) = -4$ ☞ 37쪽 연습 문제(1)

$-2x \times (+2) = -4x$

같다

(답)  $-4x$

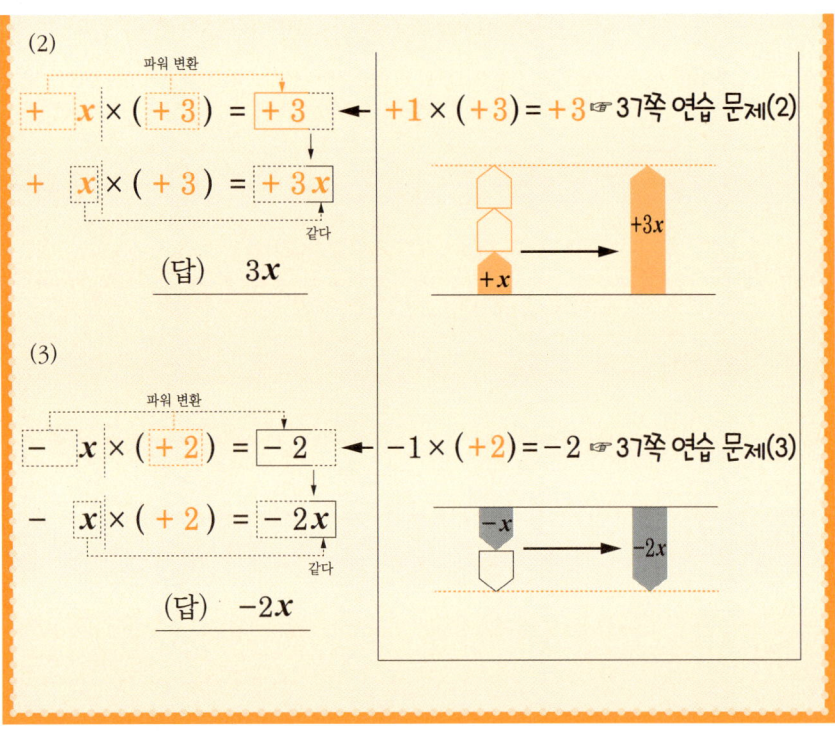

 잘 알겠니?

마찬가지로, **계수가 분수**로 되어 있는 $x$항에 **양수**를 곱하는 유형의 문제도 살펴보자.

포인트 21을 따라서 풀면 쉽단다.

### 연·습·문·제

다음 (1), (2)를 연습하여라.

(1) $-\dfrac{1}{2}x \times 4$  (2) $\dfrac{1}{3}x \times 3$

해답〉〉

(1)

$$-\frac{1}{2}x \times 4 = -2$$

파워 변환

$$-\frac{1}{2}x \times 4 = -2x$$

같다

(답) $-2x$

← $-\frac{1}{2_1} \times (+\overset{2}{4}) = -2$

☞ 39쪽 연습 문제(1)

(2)

$$\frac{1}{3}x \times 3 = +$$

파워 변환

$$\frac{1}{3}x \times 3 = + x$$

같다

(답) $x$

← $+\frac{1}{3_1} \times (+\overset{1}{3}) = +1$   생략

☞ 39쪽 연습 문제(2)

---

**예제 (문자식의 곱셈: 음수를 곱한다)**
다음 식을 계산하여라.
$-2x \times (-3)$

---

 이 문제도 'x' 앞에서 식을 나누어 보자.

$$-2x \mid \times (-3)$$

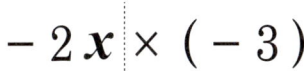
익숙해지면 머릿속에서 척척

이렇게 하면 식을 '$-2x$를 $-3$배'한다!는 의미로 이미지를 떠올릴 수 있지.

 그렇군요.

 또 그래프로 이미지화하면,

'어떤 항을 $-\square$배' → '어떤 항의 파워를 반대 방향으로 $\square$배'

라고 생각하면 돼.

그러니까 이 문제는,

'$-2x$를 $-3$배' → '$-2x$의 파워를 반대 방향으로 $3$배'라는 뜻이지.

자, 실제로 그래프로 나타내 보자.

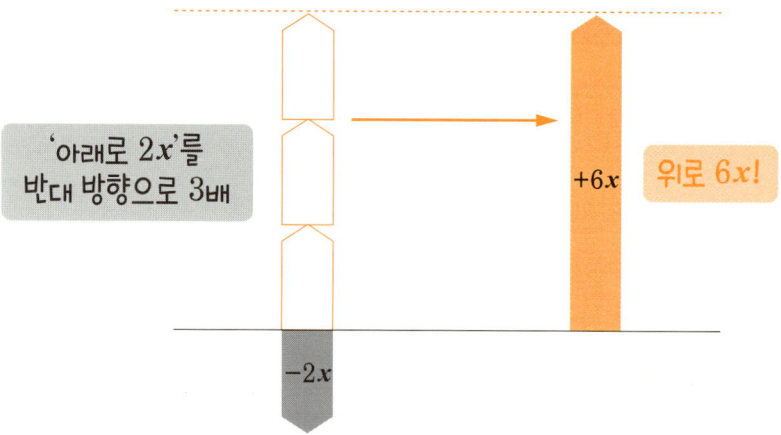

이 그래프도 45쪽과 정말 비슷한걸…….

 응, 그렇지. 다시 말해 이런 유형의 문제도, **계수에 주목!**하면, '숫자 항'의 계산과 거의 똑같은 이미지로 풀 수 있단다. 그다음은 포인트 21을 따라서 풀면 끝!

자세한 계산 방법을 설명해 볼까?

### ① 답의 계수를 정한다

$x$항의 계수 '−2'를 −3배하면,
−2 × (−3) = +6 (☞ 40쪽 예제 (2))
+6이 **답의 계수**가
되지.

> '='의 오른쪽에 $x$항의 계수와 숫자 항을 곱한 값을 적는다.

파워 변환

$$\boxed{-2}\,\boxed{x} \times (\,\boxed{-3}\,) = \boxed{+6}$$

### ② '문자'를 붙인다

'$x$항'의 파워를
몇 배로 하는
계산이므로
**답도 '$x$항'**이 된다.

> 그다음은 문자를 붙이기만 하면 끝!

$$-2\,\boxed{x} \times (\,-3\,) = \boxed{+6\,x}$$

같다

**연·습·문·제**

다음 (1)~(3)의 식을 계산하여라.

(1) $-2x \times (-2)$
(2) $+x \times (-2)$
(3) $-x \times (-3)$

**해답》**

(1)

파워 변환

$-2x \times (-2) = +4$ ← $-2 \times (+2) = +4$ ☞ 47쪽 연습 문제(1)

$-2x \times (-2) = +4x$

같다

(답)　$4x$

(2)

파워 변환

$+x \times (-2) = -2$ ← $+1 \times (-2) = -2$ ☞ 47쪽 연습 문제(2)

$+x \times (-2) = -2x$

같다

(답)　$-2x$

(3)

파워 변환

$-x \times (-3) = +3$ ← $-1 \times (-3) = +3$ ☞ 47쪽 연습 문제(3)

$-x \times (-3) = +3x$

같다

(답)　$3x$

마지막으로 '문자식의 나눗셈'을 공부해 보자.

---

**예제 (문자식의 나눗셈: 양수로 나눈다)**
다음 식을 계산하여라.
$+3x \div (+3)$

---

 이 식은 **+3x**를 **+3으로 나눈다**고 생각하면 될까요?

 그렇단다. 바꾸어 말하면 이런 거지.

**어떤 항을 +□로 나눈다 → 어떤 항을 그대로 $\frac{1}{□}$배**

따라서

**+3x를 +3으로 나눈다 → +3x를 그대로 $\frac{1}{3}$배**

이렇게 이미지화해서 풀면 돼.
그림 이 문제도 그래프로 나타내 보자.
☞ 51쪽 연습 문제 (2)

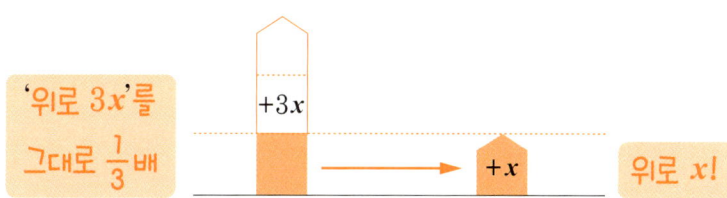

이 문제도, **계수에 주목!**해서 '숫자 항'의 나눗셈과 같은 이미지로 풀면 된단다.

$$+3x \div (+3) = +x \quad \longleftarrow \quad \boxed{+3 \div (+3) = +1}$$

(답)  $x$

---

**예제 (문자식의 나눗셈: 음수로 나눈다)**
다음 식을 계산하여라.
$-3x \div (-3)$

---

 이 식은 그대로 '$-3x$'를 $(-3)$으로 나눈다는 뜻이죠?

 그렇지.

어떤 항을 $-\square$로 나눈다 → 어떤 항을 반대 방향으로 $\dfrac{1}{\square}$배

요컨대, 이런 이미지로 떠올리면 되니까

$-3x$를 $-3$으로 나눈다 → $-3x$를 반대 방향으로 $\dfrac{1}{3}$배로 생각

하면 되는 거야.

자, 이 문제도 그래프로 나타내 보자.

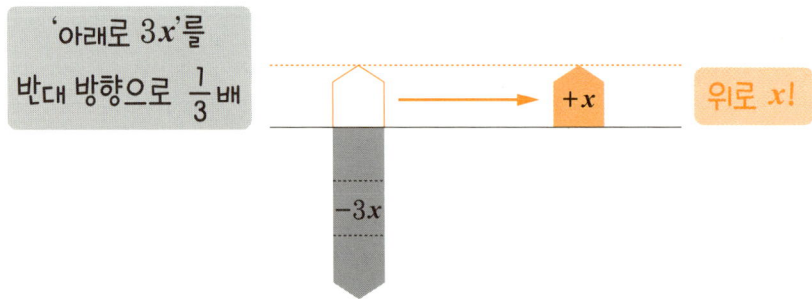

이 문제도 역시, **계수에 주목!**해서 풀면 쉽지.

$$-3x \div (-3) = +x \quad \longleftarrow \boxed{-3 \div (-3) = +1}$$

(답) $x$

눈치챘겠지만 '□$x$'의 항을 □(계수)와 같은 수로 나누면 '$x$'가 되는 거야.

---

**포인트 22**

### 문자식의 나눗셈: 계수와 같은 수로 나눈다

□$x$ ÷ □ = $x$

계수와 같은 수로 나누면 답은 '$x$'가 된다!

---

 잘 알겠니?

드디어 세 번째 이야기부터는 기다리던 **'방정식'** 공부를 본격적으로 시작할 거야. 다만, 첫 번째 이야기와 두 번째 이야기의 내용을 완전히 이해하지 못하면 방정식의 벽을 절대 넘을 수 없으니까, 모든 예제와 연습 문제를 해설을 보지 않고도 술술 풀 수 있어야지. 책을 읽고 이해하는 것만으로는 안 돼!

반드시 혼자서 완벽하게 풀 수 있을 때까지 반복해서 연습하도록!

1 '='의 진짜 의미

2 양변 계산의 개념

3 방정식이란 무엇일까?

4 '이항'의 개념

5 기본 방정식($\circ x = \square$)의 풀이

6 '표준형 방정식'의 풀이

7 '괄호형 방정식'의 풀이

8 '소수형 방정식'의 풀이

9 '분수형 방정식'의 풀이

10 분수형? 괄호형?

11 '$a$값'을 구하는 문제

■ 원 포인트 레슨

# 01 '='의 진짜 의미

🧑‍🦱 아자! 이제부터 드디어 **'방정식'**을 본격적으로 공부할 거야.
먼저, 짱 울트라 슈퍼급 중요 포인트, **'=(등호)'의 의미**를 알아보자.

🧑‍🦰 네? 왜요? 그런 건 산수에서도 했는데!

🧑‍🦱 그럼, 질문을 하나 할까?
예를 들어, 1 + 2 = 3 같은 식이 있다고 한다면, 여기서 사용된 '='는 어떤 의미지?

🧑‍🦰 '1+2'라는 식을 계산하면 '3'이라는 답이 나온다는 의미예요. 쉽게 맞혔죠?
다시 말하면, 사실은 1+2 → 3이라고 쓰는 편이 더 확실하죠.

음, 산수 공부라면 그렇게 생각해도 별 지장은 없을지 모르지. 하지만 수학에서는, 특히 **방정식을 공부할 때는 그 개념이 통하지 않는단다.**

 정말요?

 그럼 어떻게 생각하면 되나요?

 그걸 설명하기 전에, **방정식을 공부할 때 자주 사용하는 용어**를 알아 두면 좋을 것 같구나.

아까 나온 1 + 2 = 3이라는 식을 예로 들어 볼까.

'1 + 2'처럼 '='의 좌측(왼쪽)에 있는 부분을 좌변,

반대로 '3'처럼 '='의 우측(오른쪽)에 있는 부분을 우변이라고 하지.

그리고 **좌변**과 **우변**을 통틀어 '**양변**'이라고 해.

---

**포인트 23**

### 자주 사용하는 용어 설명 ①

**좌변**: '='의 좌측에 있는 부분
**우변**: '='의 우측에 있는 부분
양쪽을 통틀어 **양변**이라고 한다.

그리고 이 식처럼 **좌변 = 우변**의 꼴로 이루어진 식을 '**등식**'이
라고 한단다. 기억해 두렴.

---

**포인트 24**

### 자주 사용하는 용어 설명 ②

'등식': 좌변 = 우변의 꼴로 이루어진 식

---

자, 그럼 '='의 의미는 뭘까?

'수학'에서는 **좌변이 나타내는 수나 양과 우변이 나타내는 수
나 양이 같다**(等 같다 **등**)**는 것을 표시하는 기호**(號 부호 호)라
고 알아 두기 바란다.

('='를 등호(等號)라고 하는 이유를 알겠지?)

 그렇다면 아까 나왔던 '1 + 2 = 3'이라는 **등식**은, '1 + 2(좌변)'
와 '3(우변)'이 **같다**는 뜻인가요?

 그렇지! 이거야말로 기적을 일으킬 만한 중요한 포인트니까 확
실하게 머릿속에 넣어 두어라.

---

**포인트 25**

### '='의 의미

'좌변 = 우변' → 좌변과 우변이 **같다**는 사실을 나타낸다.

음……. 하지만 아직 이미지가 선명하게 떠오르질 않아요.

 그런 사람은 첫 번째 이야기와 두 번째 이야기에서 설명한 **수와 문자는 '파워'를 가지고 있다!**는 이미지 법을 응용하면 좋단다. 다시 말해, **'좌변 = 우변'**이라는 **'등식'**을 **좌변의 파워와 우변의 파워가** 같다고 이미지화하면 이해하기 쉬워지지.
벡터 그래프로 나타내면 다음과 같아.

 과연! **좌변**과 **우변**을 나타내는 그래프의 높이가 같구나.

그렇단다. 이 이미지는 머릿속에 확실히 넣어 두도록!

덧붙이면, 아까 '1 + 2 = 3' 같은 '등식'의 그래프도 오른쪽처럼 높이가 같지.

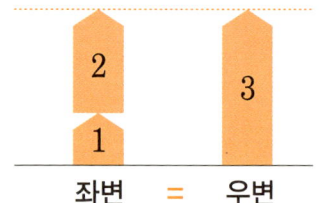

 선생님, 바로처럼 '='를 '→'의 의미로 생각하면 안 되는 이유라도 있나요?

 응, 아주 위험하지!

사실 '='의 의미를 확실히 알아 두지 않으면 앞으로 공부하게 될 초특급 중요 포인트인 **양변 계산** 방법을 전혀 이해할 수 없단다.

그리고 다섯 번째 이야기 '방정식의 서술형 문제'를 풀 때도 '='의 의미가 무지 중요하거든.

다시 말해 '방정식'을 공부하려면 '='의 의미는 꼭 기억해 둬야 한다는 말씀!

# 02 양변 계산의 개념

이번에는 '등식'의 다이너마이트, 중요한 성질을 소개하지. 바로, **양변**에 대하여 완전히 **똑같은 계산**을 해도 좋다는 사실이란다.

그게…… 무슨 말이에요?

다시 말하면, 어떤 '등식'의 좌변과 우변에 대해서, 동시에 **같은 수**를 더하거나, 빼거나, 곱하거나, 나누어도 좋다!는 뜻이지.

네? 어째서요?

'등식'의 좌변과 우변은 **같다**고 했지? 따라서 **양변**에 **같은 계산**을 해도 역시 양변이 **같은 상태**가 된다는 의미란다.
벡터 그래프로 나타내면 어떤 의미인지 금세 이해될 거야.

① '등식'의 좌변과 우변에 각각 같은 수를 더한다

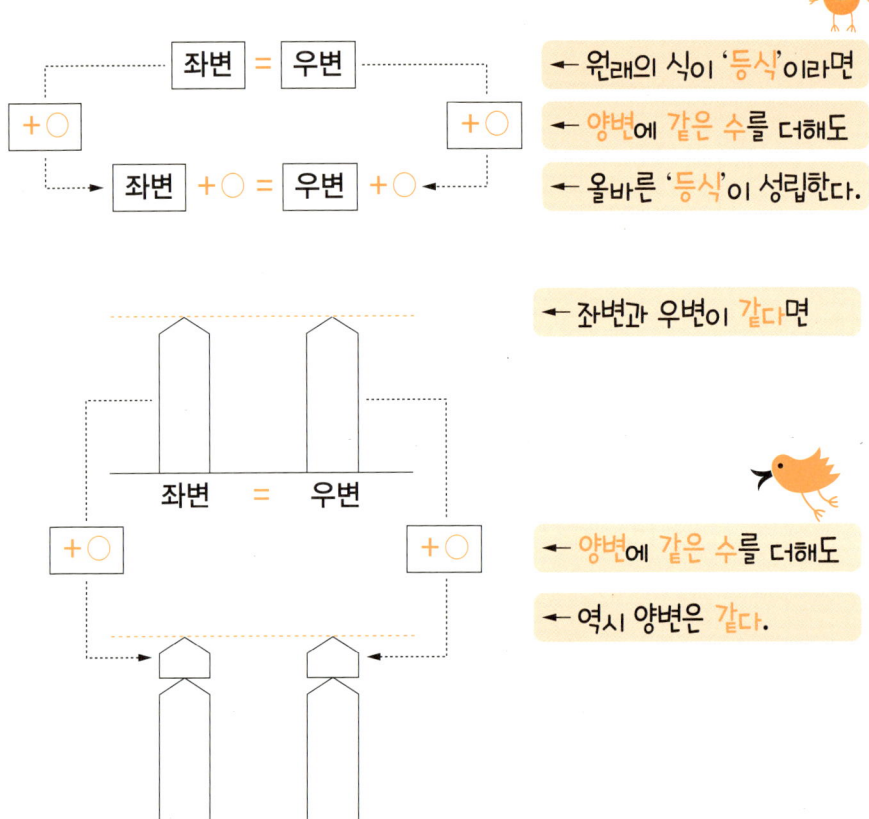

② '등식'의 좌변과 우변에서 각각 같은 수를 뺀다

③ '등식'의 좌변과 우변에 각각 같은 수를 곱한다

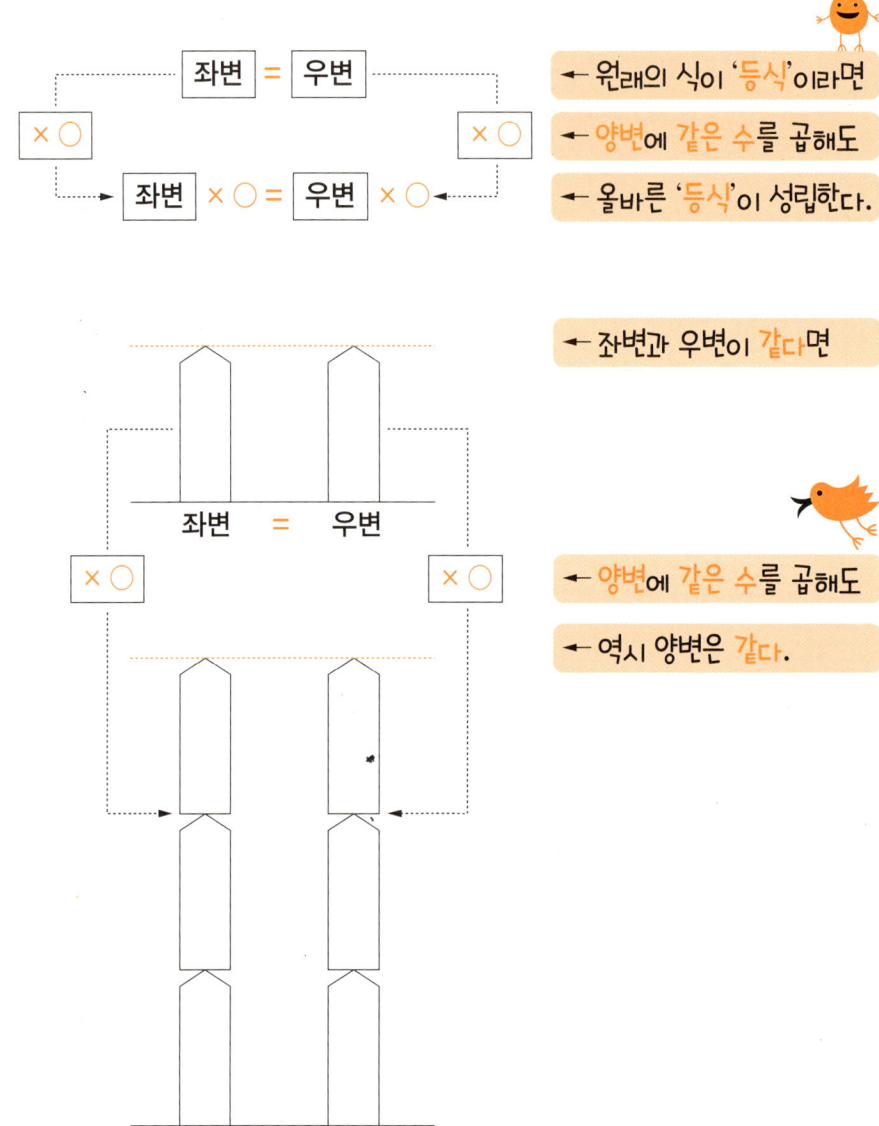

### ④ '등식'의 좌변과 우변을 각각 같은 수로 나눈다

- ← 원래의 식이 '등식'이라면
- ← 양변을 같은 수로 나눠도
- ← 올바른 '등식'이 성립한다.

- ← 좌변과 우변이 같다면
- ← 양변을 같은 수로 나눠도
- ← 역시 양변은 같다.

①~④의 모든 그래프는 계산하면 높이가 다르지. 하지만 **좌변 그래프와 우변 그래프를 각각 비교하면, 계산한 후에도 두 높이는 같단다**.

'등식'의 양변에 같은 계산을 해서 생긴 새로운 식도 올바른 '등식'이 된다는 뜻이군요.

우아, 역시! 하지만 그게 그렇게 중요한가요?

 그럼. 엄청나게 중요하지.

확실히 알아 두지 않으면 방정식을 풀 때, '**왜 그렇게 풀지?**' 또는, '**어떻게 풀린 거야?**' 하고 의문이 생기면서 말끔히 이해되지 않는단다. 이렇게 어떤 '등식'의 좌변과 우변에 대해서 **완전히 같은 계산을 하는 일을 양변 계산**이라고 하지.

**포인트 26**

### 양변 계산의 개념

 이거 완전 하이파 매머드 메가 엑스 중요 포인트니까 확실히 기억해 두자.

 하이파…… 매머드 뭐요? (웃음)

# 03 방정식이란 무엇일까?

 먼저 다음의 예제를 생각해 보자.

> **예제**
> 다음 식의 '$x$'는 얼마인지 값을 구하여라.
> $2 + x = 5$

 이쯤이야! 완전 여유♪
'2'와 덧셈하여 '5'가 되는 수는……, '3'이죠.

 자, 식에서 '$x$' 대신(代 대신하다 **대**)에 '3을' 넣어서(入 넣다 **입**) 확인해 보자.

$$2 + \boxed{x} = 5$$
$$\downarrow$$
$$2 + \boxed{3} = 5 \quad \leftarrow \text{좋아!}$$

잘했어. 이렇게 '문자' 대신에 '숫자'를 넣는 것을 '대입'이라고 한단다.

> **포인트 27**
>
> ### '대입'의 의미
>
> 대입(代入): 식에서 '문자' 대신 '숫자'를 넣는 것

 예제의 '2 + $x$ = 5'라는 식은, '**좌변=우변**' 꼴로 된 '등식'이야. 이게 무슨 말이지?

 '2 + $x$(좌변)'와 '5(우변)'는 같다는 뜻이에요.

 그렇지. 이미지를 그래프로 나타내면 오른쪽과 같아.
맨 꼭대기의 높이를 같게 하려면, '$x$'는 '3'이 되어야 하지.

그런데 '$x$' 자리에 '3' 이외의 숫자를 대입하면 어떻게 되는지 한 번 시험해 볼까.

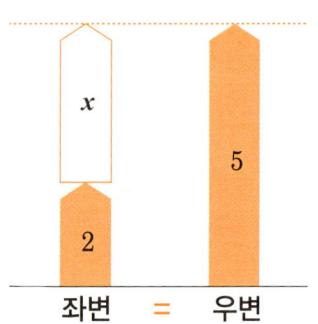

'$x$'에 '2'를 대입

2 + $x$ = 5
 ↓
2 + 2 = 5 (×) 틀림

2 + 2 = 4가 되지!

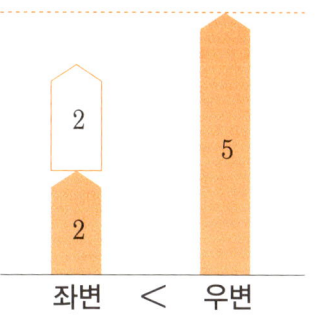

좌변 < 우변

'$x$'에 '4'를 대입

2 + $x$ = 5
 ↓
2 + 4 = 5 (×) 틀림

2 + 4 = 6이 되지!

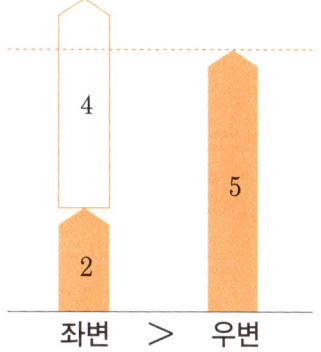

좌변 > 우변

 두 문제 모두 **좌변**과 **우변**이 같지 않으니까 틀린 거지.
이런 식으로, '어떤 정해진 수'를 대입했을 때만 성립하는 '등식'을 '방정식'이라고 한단다.
그리고 그 '어떤 정해진 수'를 방정식의 '해'라고 하지.

그 말씀은 아까 나왔던 '2 + $x$ = 5'라는 방정식의 '해'는 '3'이라는 뜻이에요?

 그렇지.

포인트 28

'방정식'과 '해'

'방정식': 어떤 정해진 수 를 대입했을 때만 성립하는 등식
            ↓
         '해'라고 한다.

여기서 초 메가톤급으로 중요한 건, '방정식'은 '등식'이라는 사실이야.
다시 말해, 어떠한 방정식에서도 반드시
'좌변 = 우변'의
꼴이 되어야 한단다.
다시 한 번 강조할게.
'방정식'은 '등식'
이것만은 무슨 일이 있어도 꼭 기억해 두자!

# 04 '이항'의 개념

 그럼 이제부터는 실제로 **'방정식'** 문제를 어떻게 푸는지 공부해 보자.

> **예제 1**
> 다음 방정식을 풀어라.
> $x-2=5$

 **방정식을 풀라고요?** 그래서 뭘 하면 되는 거예요?

 달리 말하면 이런 뜻이지.

"방정식의 '**해**'를 구하여라."
"식에서 '$x$'는 얼마인지 답하여라."

 에이, 아주 간단하네요! 2를 빼서 '5'가 되는 수는…… '$x$'는 '7' 이죠?

응. 답은 맞았어. 하지만 이렇게 풀면, 나중에 나올

$$25 = \frac{10(500-x)}{100} \qquad \frac{x}{4} + \frac{x}{6} = 5$$

같이 약간 까다로운 방정식을 풀기 힘들겠지?

 그, 그, 그렇겠죠? (웃음)

 그래서 간단한 방정식이든 어려운 방정식이든 반드시 올바른 해법 절차대로 풀어야 한단다.

방정식은 결과적으로 '해'를

'$x = \bigcirc$'      해는 '$\bigcirc$'

의 꼴로 답하는 거야.

아까 본 예제 1의 방정식과 비교해 보자.

예제 1:   거추장스러움!

$$\boxed{x \;\; -2} = 5$$

답:   $x$ = $\bigcirc$   ← 이러한 형태로 하고 싶은데……

보는 것처럼 **예제 1의 식은 어찌해서든 좌변에 있는 '−2'를** 없앨 수 있다면, '$x = \bigcirc$'의 꼴로 만들 수 있겠지.

음, 어떻게 해야 없앨 수 있을까?

만약 **좌변**에 '2'를 더할 수 있다면 '-2'를 없앨 수 있는데, 이해가 되니?

$$x - 2$$ ← 예제 1 식의 좌변

$$x - 2 + 2$$ ← '2'를 더하면……

$$= x \text{ 없앴다!}$$ ← '-2'와 '2'가 상쇄되었네!

 이해는 되지만, 이렇게 해도 괜찮아요?

 물론, 마음대로 이렇게 해서는 안 되지. 하하하.
여기서 사용한 것이 바로 포인트 26에서 정리한, **양변 계산**이란다.
**좌변**에만 2를 더한다면 큰일 나겠지만, '**방정식은 등식**'이니까 **양변**에 2를 더하면 **같은 상태**가 되니 아무 문제없지.
한 번 해 볼까?

$$x - 2 = 5$$  ← 좌변 = 우변

$+2$　없앤다　$+2$

$$x - 2 + 2 = 5 + 2$$ ← 좌변 + ○ = 우변 + ○ (☞ 112쪽)

$$x = 5 + 2$$

$$x = 7 \quad \cdots\cdots \text{(답)}$$ ← '$x = $ ○'의 꼴

**예제 2**
다음 방정식을 풀어라.

$x+2=-1$

🧑 이 방정식을 '$x=\bigcirc$'의 꼴로 만들려면 **좌변**의 **+2**가 거추장스러우니까 **양변**에서 **2**를 뺀다?

🧑 좋아! 그럼 해 보자.

$$
\begin{array}{l}
\quad x+2 \quad\quad = -1 \\
\xrightarrow{-2\ \text{없앤다}} \\
\quad x+2-2 = -1-2 \quad\xleftarrow{-2} \\
\quad x \quad\quad\quad = -1-2 \\
\quad x \quad\quad\quad = -3 \quad \cdots\cdots \text{(답)}
\end{array}
$$

← 좌변 = 우변

← 좌변 $-\bigcirc$ = 우변 $-\bigcirc$
(☞ 113쪽)

← '$x=\bigcirc$'의 꼴

🧑 대단해요. **양변 계산**이란 거, 이렇게 하는 거구나!

🧑 하하하. 사실은 더 기발한 해법이 있긴 하지.

🧑 저, 정말요? 가르쳐 주세요.

🧑 자, 예제 1을 사용해서 그 개념을 설명하마. 잘 보렴.

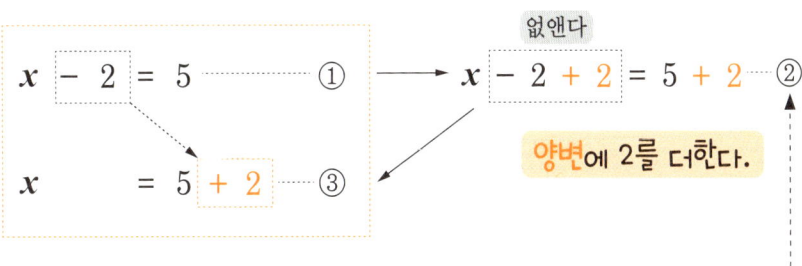

아까는 ① → ② → ③의 순서대로 설명했지?

하지만 ②의 식을 잘 봐라.

**좌변**의 −2+2 부분은 어쨌든 상쇄되었으니까 처음부터 아예 쓰지 않아도 된다는 생각이 들지 않니? −2+2의 계산을 머릿속에서 하고 쓰지 않으면, 한 번에 ① → ③으로 갈 수 있지.

그러면 **좌변의 −2를 부호를 바꿔 +2로 만들어 우변으로 가져간 것처럼** 보인단다.

예제 2도 볼까?

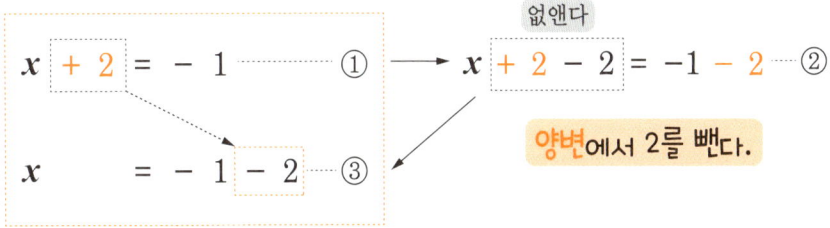

마찬가지로 ①의 좌변에 있는 +2를, 부호를 바꿔 −2로 만들어 우변으로 가져가면 ②를 건너뛰고 한 번에 ① → ③으로 갈 수 있지.

와! 대단하군요. 이 방법이 빠를 것 같아요.

 그렇지? **중간 과정을 머릿속에서 계산하고 생략하는 것만으로 확실히 양변 계산을 한 셈**이 되지.

따라서 정확한 계산 테크닉으로 당당하게 사용하면 좋아!

이렇게 **부호를 바꾸어 '=' 의 반대 변으로 항을 옮기는(**移 옮기 다 이**) 것**을 '**이항(**移項**)**'이라고 한단다.

**포인트 29**

### '이항'의 의미

이항: 항의 부호를 바꾸어 '=' 의 반대 변으로 옮기는 것

**연·습·문·제**

다음 (1)~(4)의 방정식을 '이항'을 사용하여 풀어라.

(1) $x+6=3$  (2) $x-3=1$
(3) $x-6=9$  (4) $11+x=33$

**해답》**

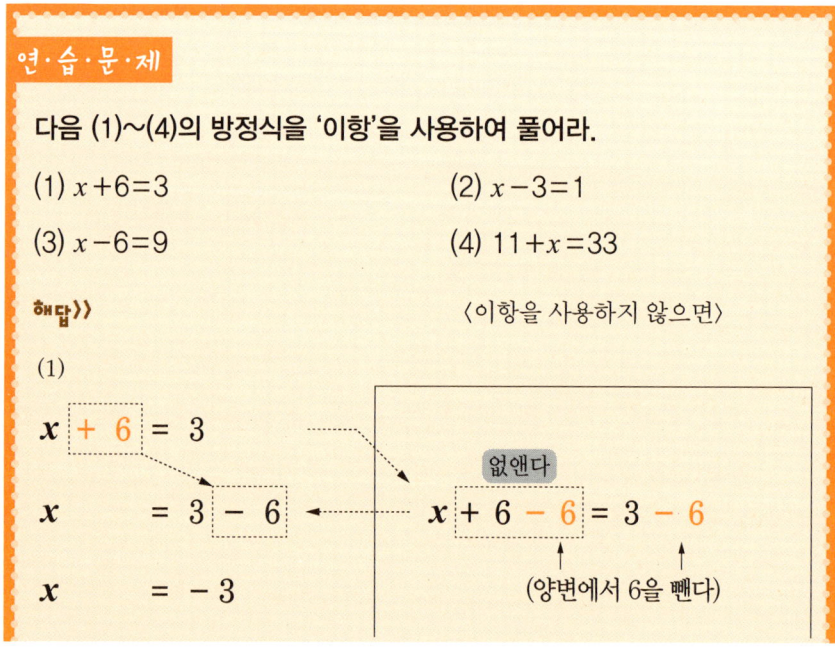

(2)

$x - 3 = 1$

$x = 1 + 3$ ← 없앤다 → $x - 3 + 3 = 1 + 3$

$x = 4$ (양변에 3을 더한다)

(3)

$x - 6 = 9$

$x = 9 + 6$ ← 없앤다 → $x - 6 + 6 = 9 + 6$

$x = 15$ (양변에 6을 더한다)

(4)

$11 + x = 33$

$x = 33 - 11$ ← 없앤다 → $11 - 11 + x = 33 - 11$

$x = 22$ (양변에서 11을 뺀다)

 여기서 초보자가 실수하기 쉬운 두 가지를 알려 주마.

### 실수 ①

예를 들어,

$11 + x = 33$

$x - 11 = 33$

좌변에서 이동했을 뿐!

세 번째 이야기 **방정식의 계산 문제**

이 같은 실수를 하고는 이항을 했다고 생각하는 사람이 있어. 하지만 **항을 '='의 반대 변으로 옮기지 않았지**? 이건 이항이 아니란다.

### 실수 ②

그리고 항을 '='의 반대 변으로 옮겼지만

$$11 + x = 33$$
$$x = 33 + 11$$

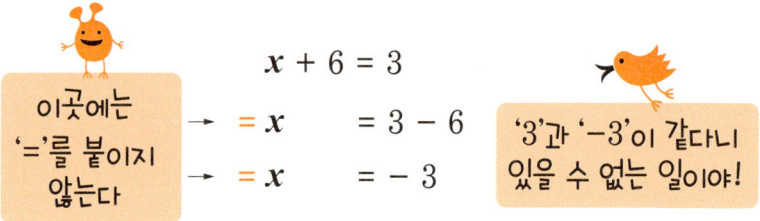
+ 그대로네.

이렇게 **부호를 바꾸지 않는** 실수도 꽤 많이 한단다.
이항은, **항의 부호를 바꾸어 '='의 반대 변으로 옮기는 것**이라는 사실을 정확히 기억해 둘 것!
그리고 이항과 관계없지만 방정식을 풀 때 유의할 사항을 한 가지 알려 주마.

$$x + 6 = 3$$
$$= x = 3 - 6$$
$$= x = -3$$

이곳에는 '='를 붙이지 않는다

'3'과 '-3'이 같다니 있을 수 없는 일이야!

위와 같이 해답을 적는 사람이 있는데, 조심해야겠지?

 네? 왜 안 되는데요?

 끙! 잘 보렴. 저 위치에 '='를 붙이면, '$x+6$'과 '3', 그리고 '$x$', '$3-6$', '$x$', '$-3$'이 전부 같다는 뜻이 되잖아. 뒤죽박죽이지!

 지, 진짜네. (웃음)

 '산수'에서 공부할 때 습관대로 식을 모두 '='로 묶어 놓는 사람이 있어.
'='는 '→'의 의미가 아니라고 했지?
그러니 방정식을 풀 때는 식의 좌변에 '='을 붙이지 않도록 조심해.

# 05 기본 방정식(○x = □)의 풀이

 선생님은 다양한 방정식을 다섯 가지 유형으로 분류하는데, 그 중에서 먼저 선생님이 '**기본 방정식**'이라고 부르는 '**○x = □**' 꼴의 방정식을 풀어 보자.

> **예제**
> 다음 방정식을 풀어라
> $-2x = -4$

 이 방정식도 결국 '해'를 '$x = ○$'의 꼴로 해야 하는데 어떻게 하면 예제의 식을 이런 꼴로 만들 수 있을까?

먼저 다음 두 가지를 비교해 보자.

예제: $\underbrace{-2}_{\text{거추장스러움!}} x = -4$

답:       $x = ○$ ← 이 꼴로 만들려면……

보다시피, 예제에서 $x$의 계수인 '−2'를 어떻게든 없앨 수 있다면, '$x=○$'의 꼴로 만들 수 있지.

 말은 쉽지만 어떻게 해야 없앨 수 있으려나?

 만약 계수와 같은 '−2'로 좌변을 나눌 수 있다면 계수는 없어진단다. 이해되니?

$$-2x$$
$$\boxed{-2}x \div (-2) \quad \leftarrow \text{계수와 같은 }(-2)\text{로 나누면……}$$
$$= \boxed{없앴다!}\ x \quad \leftarrow \text{포인트 22에서처럼 계수는 없어진다!}$$

← 예제의 좌변

 하지만 마음대로 그렇게 하면 안 되잖아요?

 그렇지! 하하하. 그래서 또다시 사용한 것이 바로 **양변 계산**이란다.

**좌변만** -2로 나누면 안 되지만, '**방정식은 등식**'이니까 **양변**을 −2로 나누면 **같은 상태**가 되니 문제없겠지? (☞ 115쪽)
자, 직접 풀어 볼까?

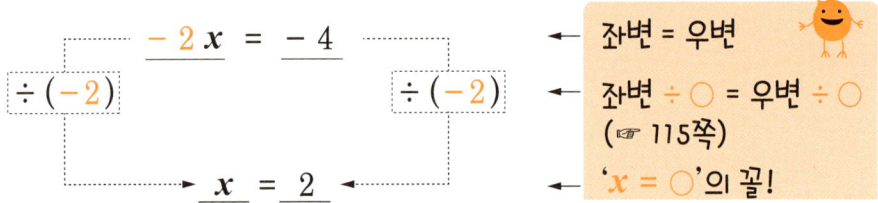

 아주 시원스레 풀렸네요.

 그렇지? 이렇게 선생님이 '**기본 방정식**'이라고 하는 '○$x$=□' 꼴의 방정식은, **양변**을 $x$의 계수와 같은 수로 나누면 풀 수 있단다.

다시 말해 두지만, '기본'이라는 이름이 붙었다고 해서 간단하다는 뜻이 아니야.

다른 모든 방정식의 기본이 되는 가장 중요한 유형이라는 거지. 그러니 풀이 방법을 확실하게 익혀 두도록!

**포인트 30**

**기본 방정식의 풀이**

○$x$ = □ → $x = \dfrac{□}{○}$ (**양변**을 $x$의 계수로 나눈다)

그럼, '**기본 방정식**'의 연습 문제를 풀어 보자!

### 연·습·문·제

다음 (1)~(4)의 방정식을 풀어라.

(1) $5x = 60$   (2) $4x = -12$

(3) $-3x = 3$   (4) $-x = -3$

**해답》**

(1)
$$5x = 60$$
$$\div 5 \qquad \div 5$$
$$x = 12$$

(2)
$$4x = -12$$
$$\div 4 \qquad \div 4$$
$$x = -3$$

양변을 '$x$의 계수와 같은 수'로 나눈다!

(3)
$$-3x = 3$$
$$\div(-3) \qquad \div(-3)$$
$$x = -1$$

(4)
$$-x = -3$$
$$\div(-1) \qquad \div(-1)$$
$$x = 3$$

## 연·습·문·제

**다음 방정식을 풀어라.**

(1) $3x = 5$  (2) $2x = -5$
(3) $-3x = 4$  (4) $-4x = -9$

**해답〉〉**

(1)
$$3x = 5$$
$$x = \frac{5}{3}$$
(÷3 양변)

$+5 \div (+3) = +\dfrac{5}{3}$

(2)
$$2x = -5$$
$$x = -\frac{5}{2}$$
(÷2 양변)

$-5 \div (+2) = -\dfrac{5}{2}$

(3)
$$-3x = 4$$
$$x = -\frac{4}{3}$$
(÷(−3) 양변)

$+4 \div (-3) = -\dfrac{4}{3}$

(4)
$$-4x = -9$$
$$x = \frac{9}{4}$$
(÷(−4) 양변)

$-9 \div (-4) = +\dfrac{9}{4}$

그런데 다음 풀이 중 틀린 부분이 어딘지 알겠니?

$5x = 60$
$x = 60 - 5$ ← 이항을 한 건가?
$x = 55$ (×)

 이거, **양변 계산**이 되질 않았군요.

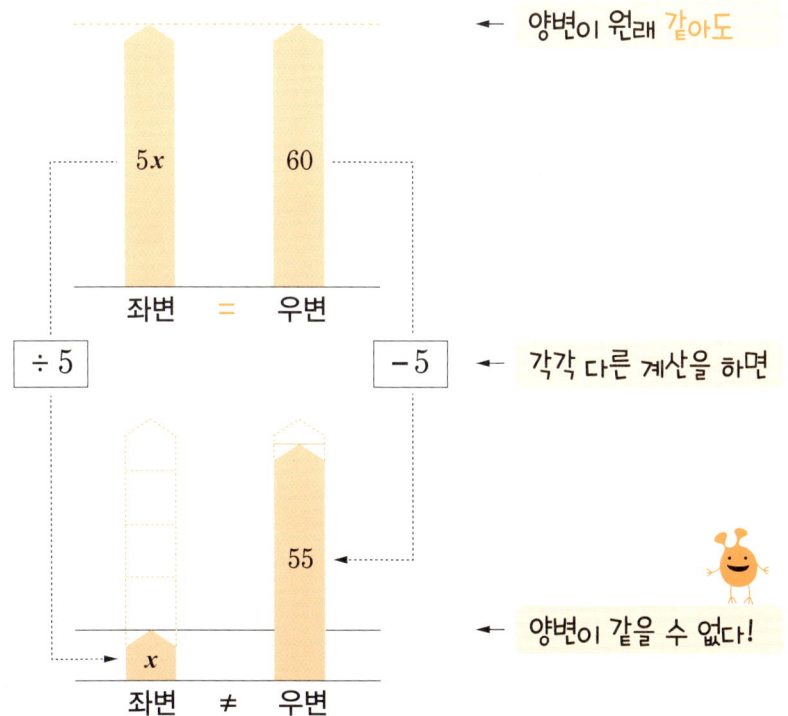

 응, 그렇지.

'이항'을 완전히 잘못 이해한 거란다. 이러한 실수는, 풀이 방법을 이해하지 못한 채 덮어놓고 암기만 한 학생이 잘 저지르지. 단순한 실수라고 할 수 없어!

물론 풀이 방법을 외우는 것도 좋겠지만, 그전에 **'문제 푸는 방법'**을 완벽하게 익혀 두는 것이 중요하다는 걸 이제 알겠지?

 네. 수학의 본질을 이해하지 못하면 이런 끔찍한 실수를 하게 되는군요.

 제발 그런 실수는 말아 다오! (웃음)

# 06 '표준형 방정식'의 풀이

 자, 이번에는 선생님이 **'표준형'**이라고 하는 유형의 풀이에 도전해 보자.

---

**예제 1**
다음 방정식을 풀어라.

$2x + 3 = 1$

---

 이거, '$x = \bigcirc$'의 꼴로 만들 수 있을까?

 아무래도 한 번에 그 형태로 바꾸기는 어렵지.
자, 여기서 완전 막강한 대히트! 이 방정식을 먼저 아까 익힌 **'기본 방정식'**의 꼴로 만들 수 있는지 알아보자.

예제 1:   $2\,x\ \boxed{+\ 3} = 1$    ← 거추장스러움!

기본 방정식:   $\bigcirc x \qquad = \square$   ← 이 형태로 만들려면……

세 번째 이야기 **방정식의 계산 문제**    **137**

보다시피, 예제 1의 **좌변**에 있는 '+3'을 어떻게든 없앨 수 있다면, '**기본 방정식(○$x$=□)**'의 꼴로 만들 수 있을 것 같구나.

 '+3'을 우변으로 **이항**하면 되지 않을까요?

 맞았어. 바로 그거란다.
'**기본 방정식(○$x$=□)**'의 꼴로 만들 수 있다면, 이미 풀이 방법을 익혔으니까 문제없지.
한 번 해 보자.

〈해답〉

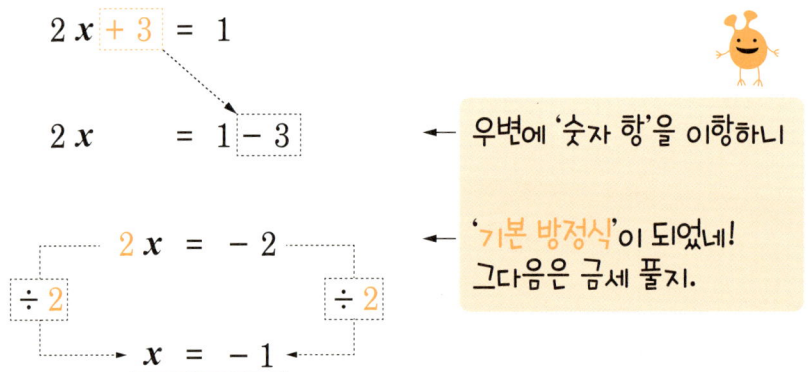

우변에 '숫자 항'을 이항하니

'기본 방정식'이 되었네!
그다음은 금세 풀지.

잘 알겠지? 그럼 다음으로 가 보자.

**예제 2**
다음 방정식을 풀어라.
$3x = x - 6$

 어? **우변**에도 '$x$항'이 있는데 '$x=○$'의 꼴로 만들 수 있을까요?

 예제 2도 마찬가지로, 먼저 '**기본 방정식**'의 꼴로 만들 수 있는 **지** 궁리해 보렴.

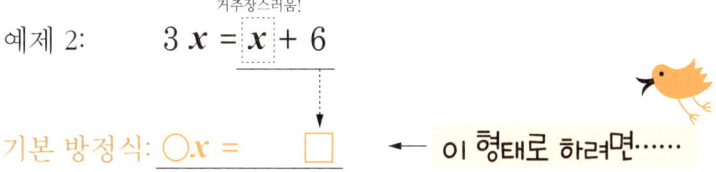

자, 우변에 있는 '$x$'를 어떻게든 없앨 수 있다면 '**기본 방정식 ($○x=□$)**'의 꼴로 만들 수 있을 것 같구나.

 어휴, 그걸 모르니까 문제죠.

 사실 이 유형도 지금까지 했던 것처럼, **양변 계산**을 적용하면 되지.

**양변에서 'x'를 빼 보렴.**(☞ 113쪽)
그러면 다음의 ① → ② → ③처럼 계산할 수 있단다.

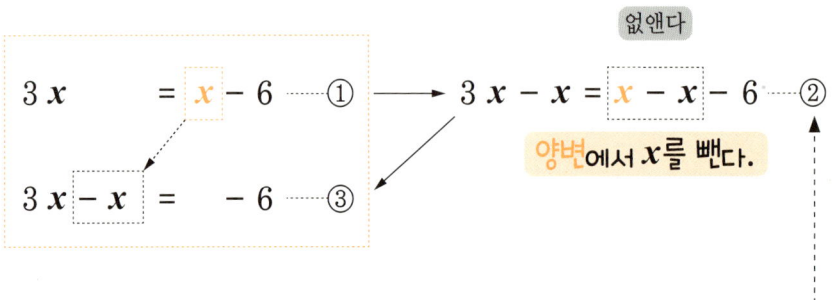

②의 식을 보렴.

$x-x$ 부분은 어차피 없어지니까 머릿속에서 계산하자. 그러면 ① → ③처럼 우변에 있는 $x$항을 부호를 바꾸어 좌변으로 옮긴 꼴이 되는 거야.

다시 말해 '$x$항'도 '숫자 항'처럼 이항할 수 있다는 뜻이지.

〈해답〉

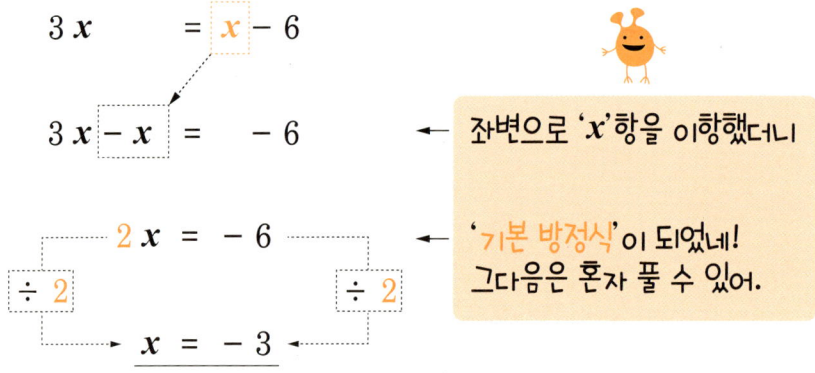

좌변으로 '$x$'항을 이항했더니

'기본 방정식'이 되었네!
그다음은 혼자 풀 수 있어.

**예제 3**

다음 방정식을 풀어라.

$5x - 4 = 3x + 4$

 우아! 이런 복잡한 문제를 풀 수 있을까?

 먼저 '**기본 방정식**'의 꼴로 만들 수 있나 궁리해 보자.

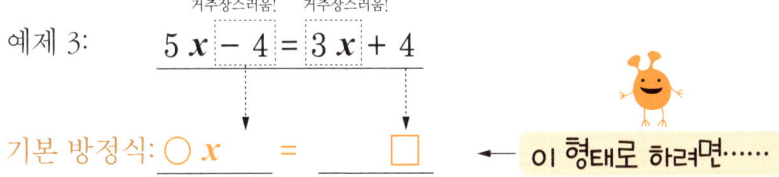

 **좌변**의 **−4**와 **우변**의 **3$x$**를 어떻게 해서든 없애면, '**기본 방정식 (○$x$=□)**'의 꼴로 만들 수 있겠네요.

 그럼, 예제 1이랑 2에서처럼 이항하면 되나요?

 물론이지. 잘 이해했구나!
예제 1과 2의 개념을 응용해서, **모든 '$x$항'은 좌변으로, 모든 '숫자 항'은 우변으로 이항**해 보자.

〈해답〉

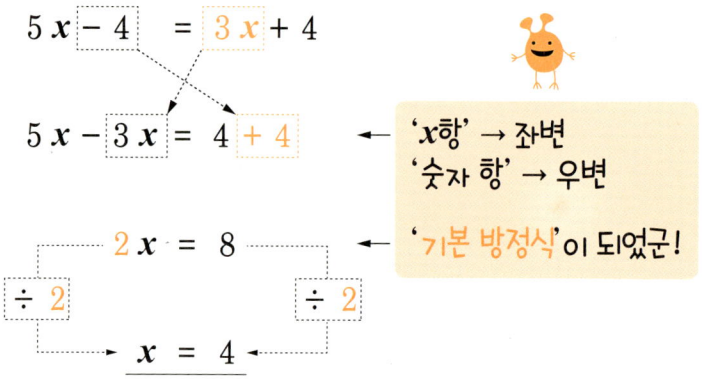

아래와 같은 꼴로 되어 있어서, '이항'하면 '기본 방정식'으로 만들 수 있는 유형의 방정식을 선생님은 '표준형'이라고 하지.

○$x$ + □ = □　……　예제 1의 유형
○$x$ = ○$x$ + □　……　예제 2의 유형
○$x$ + □ = ○$x$ + □　……　예제 3의 유형

○□○□는 정수

**포인트 31**

'표준형 방정식'의 풀이

'문자 항' → 모두 좌변으로 이항
'숫자 항' → 모두 우변으로 이항
→ '기본 방정식'으로 만든다!

이제 연습 문제에 도전해 보자.

**연·습·문·제**

다음 (1)~(4)의 방정식을 풀어라.

(1) $2x+6=2$
(2) $-4x+3=-1$
(3) $3x=x+6$
(4) $x=3x-8$

해답》

(1)

$$2x \boxed{+6} = 2$$
$$2x = 2\boxed{-6}$$
$$2x = -4$$
$$x = -2$$

← '숫자 항' → 우변으로 이항
← '기본 방정식'이 된다!
← 양변을 2로 나눈다!

(2)

$$-4x\boxed{+3} = -1$$
$$-4x = -1\boxed{-3}$$
$$-4x = -4$$
$$x = 1$$

← 'x항' → 우변으로 이항
← '기본 방정식'이 된다!
← 양변을 -4로 나눈다!

(3)

$$3x = \boxed{x}+6$$
$$3x\boxed{-x} = +6$$
$$2x = 6$$
$$x = 3$$

← 'x항' → 좌변으로 이항
← '기본 방정식'이 된다!
← 양변을 2로 나눈다!

(4)
$$x = 3x - 8$$
$$x - 3x = -8 \quad \leftarrow \text{'}x\text{항'} \rightarrow \text{좌변으로 이항}$$
$$-2x = -8 \quad \leftarrow \text{'기본 방정식'이 된다!}$$
$$x = 4 \quad \leftarrow \text{양변을 } -2\text{로 나눈다!}$$

### 연·습·문·제

다음 (1), (2)의 방정식을 풀어라.

(1) $3x + 6 = 5x$     (2) $5x + 3 = 6x - 4$

해답>>

(1)
$$3x + 6 = 5x$$
$$3x - 5x = -6 \quad \leftarrow \text{'}x\text{항'} \rightarrow \text{좌변으로 이항}$$
$$\qquad\qquad\qquad\quad \text{'숫자 항'} \rightarrow \text{우변으로 이항}$$
$$-2x = -6 \quad \leftarrow \text{'기본 방정식'이 된다!}$$
$$x = 3 \quad \leftarrow \text{양변을 } -2\text{로 나눈다!}$$

(2)
$$5x + 3 = 6x - 4$$
$$5x - 6x = -4 - 3 \quad \leftarrow \text{'}x\text{항'} \rightarrow \text{좌변으로 이항}$$
$$\qquad\qquad\qquad\qquad\quad \text{'숫자 항'} \rightarrow \text{우변으로 이항}$$
$$-x = -7 \quad \leftarrow \text{'기본 방정식'이 된다!}$$
$$x = 7 \quad \leftarrow \text{양변을 } -1\text{로 나눈다!}$$

'이항'과 '기본 방정식'의 개념을 완전히 이해하면 그다지 어렵지 않을 것 같아요.

그렇단다. 기초를 확실히 다져야지.
**식을 제대로 변형하고, 자신이 익힌 풀이 방법대로 형태를 만들 수 있는지 궁리하면 되는 거야.**
이 '표준형' 방정식은 원래 시험에 자주 나오는데다, 지금부터 배울 **'괄호형'**, **'소수형'**, **'분수형'** 이 세 유형의 방정식을 풀려면 반드시 알아 두어야 할 대단히 중요한 유형이란다.
그러니까 개념을 머릿속에 완벽하게 넣어 두도록!

# 07 '괄호형 방정식'의 풀이

 이번에는 선생님이 **'괄호형'**이라고 하는 유형의 풀이를 가르쳐 줄게.
이 유형을 풀려면 먼저 **괄호의 기능**을 확실하게 이해하는 것이 무척 중요해.

 어떤 기능이에요?

 한마디로 말하면, '수학'에서 괄호는 '식'을 하나의 **'덩어리'**로 만드는 기능을 하지.

 덩어리라고요?

 예를 하나 들어 줄게.
여기 **'하얀 약'**과 **'빨간 약'**이 **한 알**씩 있다고 하자. 이 두 알은 완전히 별개의 약이지. 하지만 만약 이 두 알을 **캡슐 하나**에 함께 넣는다면 어떻게 될까?

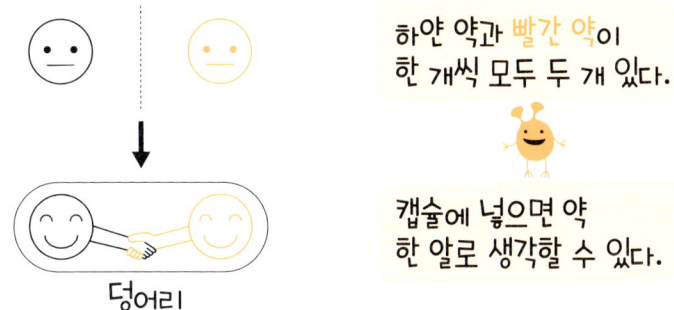

 이 '캡슐 약'을 한 **덩어리**로 생각할 수 있지.
'수학'에서 '괄호'는 이 캡슐과 매우 비슷한 이미지란다.

**괄호가 없는 보통 식은 몇 개 '항'이 모인 꼴이라고 생각할 수 있겠지?**

하지만 '식'에 괄호를 넣으면 따로따로 있던 '항'을 한 덩어리로 단단히 묶은 이미지가 되는 거란다.

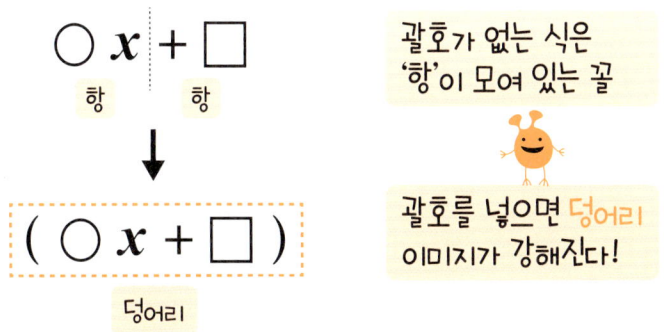

따라서 이 덩어리는 하나의 '문자'로 취급한다.

예를 들어 '곱셈'에서는 포인트 15를 적용하여 나타내니까 한 번 해 보자.

① 'x' 기호는 생략
② 덩어리와 '숫자'의 곱셈에서는 '숫자'가 먼저

덩어리 × '숫자' : $(x+2) \times 3 = 3(x+2)$

'문자' × '숫자' : $x \times 3 = 3x$

③ '1' '-1'과 덩어리의 곱셈에서는 '1'을 생략

덩어리 × (-1) : $(x+2) \times (-1) = -(x+2)$

'문자' × (-1) : $x \times (-1) = -x$

 어때? 알겠니?

반대로 다음과 같이 '괄호가 있는 식'을 만났을 때,

$3(x+2)$   ← '3'과 '(x+2)'의 곱셈!

$-(x+2)$   ← '-1'과 '(x+2)'의 곱셈!

이처럼 재빨리 의미를 알아차리는 것도 엄청 중요하단다.

덧붙이면, 선생님은 이와 같이 '괄호'를 이미지화하는 것을 **'캡슐 이론'**이라고 하지.

**포인트 32**

### 캡슐 이론 l

**괄호가 있는 식** ⇒ 하나의 **덩어리**로 생각한다.

⇒ 하나의 **'문자'**와 같이 취급한다.

(포인트 14~16을 적용하여 나타낸다)

이번에는 '괄호가 있는 식'에서 괄호를 풀면 어떻게 되는지 알아보자.

---

**예제**
다음 식의 괄호를 풀어 계산하여라.

$3(x+1)$

---

음! 틀림없이,

$3(x+1) = 3 \times (x+1)$  이건 (○)

이런 의미였으니까 괄호를 풀면

$3(x+1) = 3x+1$  이건 (×)

근데 말이지, '괄호'는 단순히 그대로 벗겨 내기만 하면 되는 게 아니란다.

좋아, 다시 한 번 '**캡슐 약**'을 이미지화해서 설명하마.

예를 들면, 여기에 '**하얀 약**'과 '**빨간 약**'이 한 알씩 든 '**캡슐 약**'이 하나 있다고 치자. 이 캡슐 약을 3배로 하면 어떻게 될까? (물론 '**캡슐 약**'을 한 **덩어리**로 통째로 3배하는 거지.)

캡슐에 들어 있는 '**하얀 약**'과 '**빨간 약**'이 양쪽 모두 3배가 되겠지. '하얀 약'은 3배가 되지만 '**빨간 약**'은 그대로라든지, 그런 일은 있을 수 없으니 말이야.

다시 말해, 캡슐을 풀 때는 **덩어리**가 아닌 상태로 되니까 '**하얀 약**'이 세 알, '**빨간 약**'도 세 알이 되어야 하지.

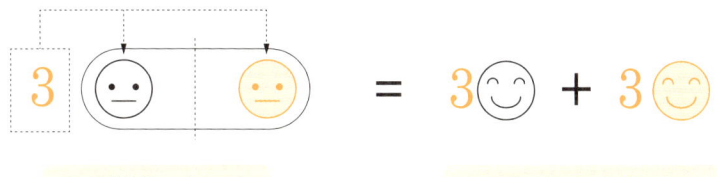

 선생님, 이거 당연한 거잖아요!

 하하. '괄호가 있는 식'에서도 마찬가지란다. $(x+1)$은 '$x$'와 '$+1$'이라는 두 항을 덩어리로 묶은 거지.
**$3(x+1)$의 식은 이 $(x+1)$이라는 덩어리를 통째로 3배했다는** 뜻이란다. 즉, 괄호에 들어 있는 '$x$'와 '$+1$'이 양쪽 모두 3배가 되는 거겠지?

$$3(\,x+1\,) = 3x+3$$

'괄호'를 풀면
덩어리가 아니므로

'$x$'도 '$+1$'도 3배가
되는 것이 당연하지!

 그렇구나! 바로가 푼 방법은 '$x$'에만 3배했기 때문에 틀린 거로군요.

호호호!

 이런 실수를 방지하기 위한 '비밀' 테크닉을 전수해 줄게.

먼저 괄호를 푼 다음을 생각해서, **괄호 안의 식을 미리 '항'으로 구분해 둘 것!** 그리고 나서 **괄호 외의 수(계수)를 모든 항에 곱한다.**

### 연·습·문·제

다음 (1)~(3)의 식을 괄호를 풀어 계산하여라.

(1) $3(x+8)$  (2) $-5(x-1)$

(3) $-(x+2)$

**해답**》

(1)

$3(x+8) = 3x + 24$ ← $3 \times x = 3x$
$3 \times 8 = 24$

(2)

$-5(x-1) = -5x + 5$ ← $-5 \times x = -5x$
$-5 \times (-1) = +5$

(3)

$-(x+2) = -x - 2$ ← $-1 \times x = -x$
$-1 \times 2 = -2$

152

포인트 33

## 캡슐 이론 2

괄호를 없앨 때, 괄호 외의 수(계수)는 괄호 안의 모든 항에 곱한다!

 드디어 '괄호형' 방정식을 할 시간이 되었구나!

**예제**
다음 방정식을 풀어라.
$x + 7 = 3(x + 1)$

이렇게 **괄호식이 들어 있는 방정식**을 선생님은 '**괄호형**'이라고 한단다. 이 유형의 방정식은 먼저, **괄호를 벗겨 낼** 궁리를 해야 해. 그래야 '**표준형**' 방정식이 되거든.

〈해답〉

$x + 7 = 3 ( x + 1 )$ ← 먼저 괄호를 풀어 준다.

$x + 7 = 3x + 3$ ← '표준형'이 된다!

$x - 3x = 3 - 7$ ← 이항한다.

$-2x = -4$ ← '기본 방정식'이 된다.
$x = 2$ ← '양변'을 -2로 나눈다.

포인트 34

## '괄호형 방정식'의 풀이

먼저 괄호를 푼다 → '**표준형**'이 된다.

### 연·습·문·제

다음 (1) (2)의 방정식을 풀어라.

(1) $3x-5(x-1)=27$  (2) $4x-(x+2)=3$

**해답》**

(1)
$$3x - 5(x - 1) = 27$$
$$3x - 5x + 5 = 27$$
$$3x - 5x = 27 - 5$$
$$-2x = 22$$
$$x = -11$$

← 괄호를 푼다.
(5가 아니라 −5를 곱한다)
← '표준형'이 된다!
← 이항
← '기본 방정식'
← '양변'을 −2로 나눈다.

(2)
$$4x - (x + 2) = 3$$
$$4x - x - 2 = 3$$
$$4x - x = 3 + 2$$
$$3x = 5$$
$$x = \frac{5}{3}$$

← 괄호를 푼다.
← '표준형'이 된다!
← 이항
← '기본 방정식'
← '양변'을 3으로 나눈다.

# 08  '소수형 방정식'의 풀이

 다음은 선생님이 **'소수형'**이라고 하는 유형의 방정식을 살펴볼 차례란다.

**예제 1**
다음 방정식을 풀어라.

$0.1x + 4.2 = 0.3x + 2.4$

 앗, 이 식은 소수투성이네!

 의욕이 사라졌나? 하하하! 실은 이 방정식에서 소수가 사라지는 기막힌 방법이 있지!
먼저 '산수'로 공부할 때 다음과 같은 내용을 떠올려 봐.
**'소수'**는, 소수점의 오른쪽 숫자가 한 개인 경우는 10배
     소수점의 오른쪽 숫자가 두 개인 경우는 100배
이렇게 계산하니 **'정수'**가 되었지?

$$1.2 \times 10 = 12$$

$$0.4 \times 10 = 4$$

10배(×10)하면 소수점이 오른쪽으로 한 칸씩 이동한다.

정수

$$2.53 \times 100 = 253$$

$$0.04 \times 100 = 4$$

100배(×100)하면 소수점이 오른쪽으로 두 칸씩 이동한다.

 음, 이 방정식은 10배를 하는 건가요?

 물론 마음대로 하면 안 되지. 여기서 또 등장하는 것이 **양변 계산**이란다!

다시 말해, **양변**을 **10배**로 하면 되는 거지.(☞ 114쪽)

〈해답〉

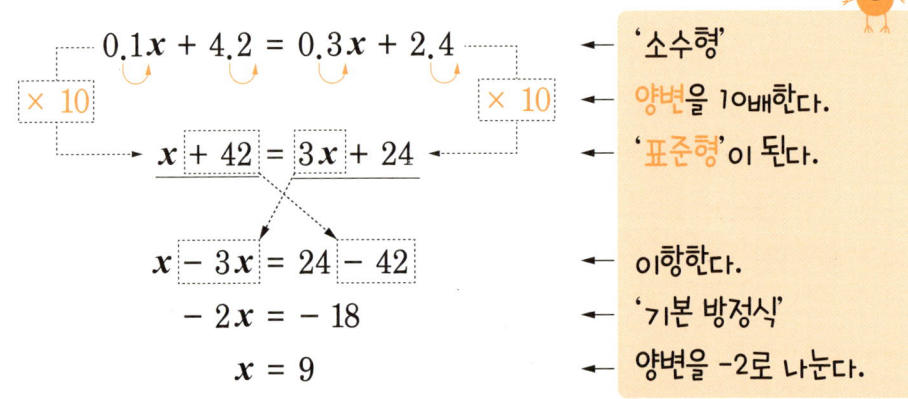

$0.1x + 4.2 = 0.3x + 2.4$ ← '소수형'

×10             ×10   ← 양변을 10배한다.

$x + 42 = 3x + 24$ ← '표준형'이 된다.

$x - 3x = 24 - 42$ ← 이항한다.

$-2x = -18$ ← '기본 방정식'

$x = 9$ ← 양변을 −2로 나눈다.

잘 알겠지?

다시 말해서, **양변**을 10배하면, 소수는 모두 정수가 되고 '표준형'으로 만들 수 있단다.

---

**예제 2**

다음 방정식을 풀어라.

$0.4x + 3 = 5.8$

---

 그러면 나의 미묘한 수학 센스를 보여 줄까?

소수를 전부 정수로 만들면 되니까……

$$0.4x + 3 = 5.8$$
$$4x + 3 = 58$$

 자, 잠깐만! 선생님은 단순히 소수를 정수로 하면 좋다고 한 게 아냐. **양변**을 **10배**라고 했지.

 네? 어디가 틀렸어요?

 **좌변**의 '+3'을 10배하지 않았지? 그러면 **양변 계산**을 한 게 아니지.

'양변을 10배'라는 말을 잠시 자세하게 설명하면, '**양변에 있는 모든 항을 10배**'로 하라는 뜻이란다.

한 군데라도 10배로 계산하지 않은 항이 있으면, 좌변과 우변은 같아지지 않아.

벡터 그래프를 이미지화하면 쉽게 알 수 있지.

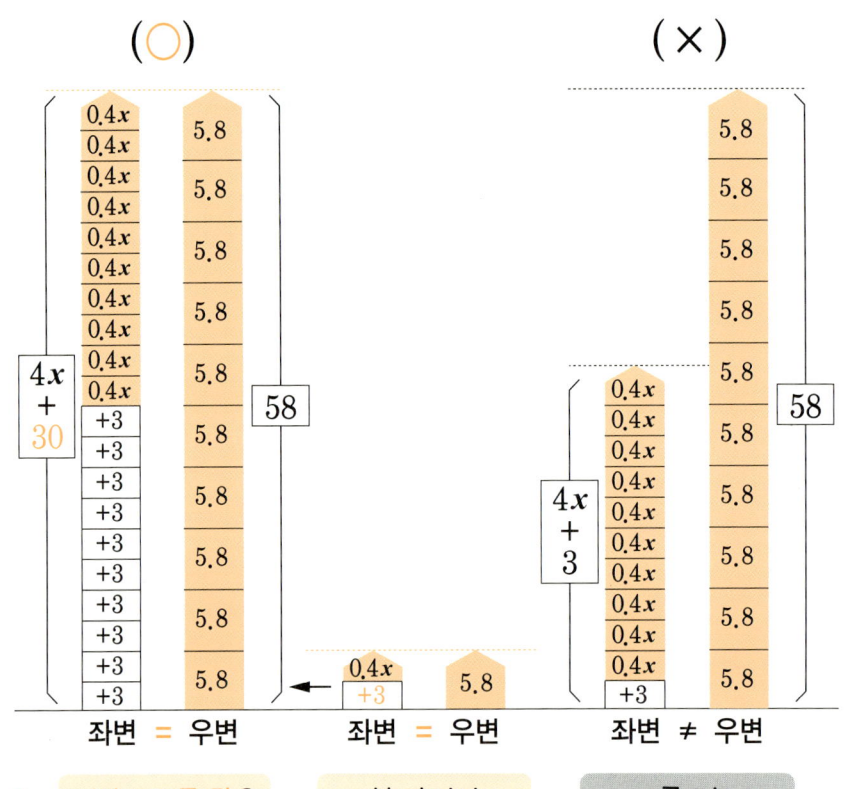

〈해답〉

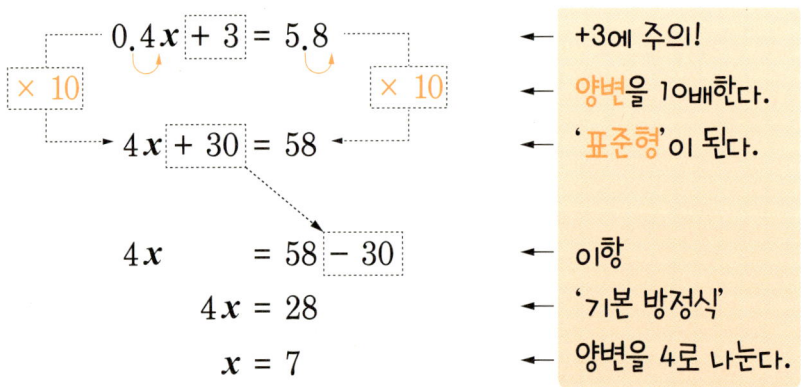

**예제 3**

다음 방정식을 풀어라.

$0.01x + 0.42 = 0.03x + 0.24$

 이번에는 **양변**의 **모든 항을 100배**로 해 보자.

〈해답〉

$$\underset{\times 100}{\underline{0.01x + 0.42}} = \underset{\times 100}{\underline{0.03x + 0.24}}$$

$$x + 42 = 3x + 24$$

$$x - 3x = 24 - 42$$

$$-2x = -18$$

$$x = 9$$

**포인트 35**

### '소수형 방정식'의 풀이

소수점 오른쪽에 숫자가 **한 개** → **양변을 10배**
　　　　　　　　　　　　　　　　　　　　　→ '표준형'으로!
소수점 오른쪽에 숫자가 **두 개** → **양변을 100배**

**예제 4**

다음 방정식을 풀어라.

$0.04x + 0.3 = 0.58$

이 문제도 **양변**의 **모든 항**을 100배로 하면 되겠지?

 하지만 '+0.3'을 100배하면 어떻게 되는 거야?

 금세 척척 맞추면 가장 좋겠지만, 잘 이해되지 않는 사람은 다음과 같이 생각해 보자.

100 = 10 × 10

그렇지? 따라서

0.3 × 100 = 0.3 × 10 × 10
　　　　　= 3 × 10
　　　　　= 30

다시 말해, **두 번 10배한다**고 생각하면 되지.

〈해답〉

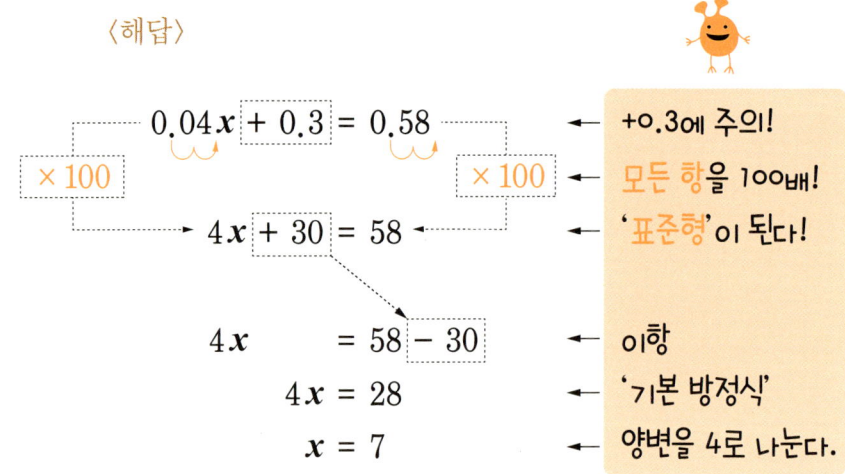

# 09 '분수형 방정식'의 풀이

 자, 드디어 방정식의 마지막 유형인 **'분수형'** 문제에 대해서 알아보자.

---
**예제**
다음 방정식을 풀어라.
$$\frac{7}{10}x = 49$$

---

 으윽! 이번에는 분수가 들어 있네.

 하하하! 사실, 이 방정식에서 분수를 없애는 대단한 방법이 있단다.
먼저 이 사실은 알고 있나? **'분수'**는 **'분모의 배수를 곱한다.'**
이 방법을 써서 **'정수'**로 만드는 거지.

'배수'라니요?

 '산수' 할 때 배웠겠지만, **어떤 수를 몇 배한 수**지.
예를 들면,

| 2의 배수 | 2 | 4 | 6 | 8 | 10 | …… |
| 3의 배수 | 3 | 6 | 9 | 12 | 15 | …… |
| | ↑ | ↑ | ↑ | ↑ | ↑ | |
| | 1배 | 2배 | 3배 | 4배 | 5배 | …… |

이런 수를 '배수'라고 하지.

 **분수에 '분모의 배수'를 곱하면 정수가 된다**는 건 왜 그렇죠?

 자, $\frac{7}{10}$이라는 분수를 예로 들어 설명해 볼게.

이 분수의 분모는 10이잖아? 그러면 10의 배수는 이렇게 되는 거야.

'10'을 몇 배로 했네.

| 10의 배수 | 10 | 20 | 30 | …… |
| | ↑ | ↑ | ↑ | |
| | 1배 | 2배 | 3배 | …… |

이들 배수를 각각 $\frac{7}{10}$에 곱해 보마.

$$\frac{7}{10} \times 10^1 = 7$$

$$\frac{7}{10} \times 20^2 = 14$$

$$\frac{7}{10} \times 30^3 = 21$$

×분모의 배수 　 정수

 이렇게 분수에 '**분모의 배수**'를 곱하면, '분모'와 반드시 약분할 수 있으니까 답은 정수가 되는 거지.

 그렇군요.
그럼 아까 했던 예제도 10의 배수를 곱하면 될까요?

 마음대로 곱하면 안 되지. 여기서 또다시 등장하는 것이 **양변 계산**이란다!
다시 말해, **양변**에 **10의 배수를 곱하면 되는 거야**. (☞ 114쪽)
여기에서는 계산을 편하게 하기 위해서 10의 배수 중에서 가장 작은 '**10**'을 **양변**에 곱해 보자.

〈해답〉

$$\frac{7}{10}x = 49$$

×10 ················································· ×10 ← 분모는 10
← 양변에 10을 곱한다.

$$\frac{7}{{}_1 10}x \times 10^1 = 49 \times 10$$ ← 약분한다.

$$7x = 490$$
$$x = 70$$

← '기본 방정식'
← 양변을 7로 나눈다.

 이해되니? 덧붙이면 이처럼 **양변**에 분모의 배수를 곱해서 분수를 없애는 것을 '**분모를 없앤다**'고 하지.

이 용어는 '분수형' 방정식을 설명할 때 자주 사용하니까 잘 기억해 두렴.

---

**예제**
다음 방정식을 풀어라.

$$\frac{1}{3}x = \frac{1}{2}x + \frac{1}{3}$$

---

 윽! 분모가 '2'랑 '3', 두 종류나 있잖아.

 이거, 분모를 없앨 수 있으려나?

없앨 수 있고말고. 잘 봐라.

$\frac{1}{2}$을 정수로 만들 때는 2의 배수를 곱하면 된다.

$\frac{1}{3}$을 정수로 만들 때는 3의 배수를 곱하면 된다.

이 말은,

$\frac{1}{2}$과 $\frac{1}{3}$을 양쪽 모두 정수로 만들려면,

'2의 배수이면서 3의 배수인 수'를 곱하면 된다는 뜻이란다.

 네? 그렇게 편리한 숫자가 있어요?

 응, 있지. '산수'에서 '**공배수**'라는 거 공부했지?

 헤헤, 당연히 잊어버렸죠!

 끙! 그럼 **2와 3의 배수**를 각각 써 보자.

| 2의 배수 | 2 | 4 | 6 | 8 | 10 | 12 | 14 | 16 | 18 | ...... |
|---|---|---|---|---|---|---|---|---|---|---|
| 3의 배수 | 3 | | 6 | | 9 | 12 | | 15 | 18 | ...... |

보면 알 수 있듯이, 6 12 18 …… 등은 2와 3 **양쪽 모두의 배수**가 되지?

이와 같이 둘 이상의 수의 공통인 배수를 '**공배수**'라고 한단다.

 그랬나!

 '분수형' 방정식을 풀려면, **분모의 공배수를 양변**에 곱해서 분모를 모두 제거하면 되지.
이때 '**공배수 중에서 가장 작은 수**'를 곱해야 계산하기가 쉬운데, 이 수를 '**최소 공배수**'라고 한단다.
'2'와 '3'의 공배수는 6 12 18…… 이니까, '**최소 공배수**'는 '6'이 되겠지.

〈해답〉

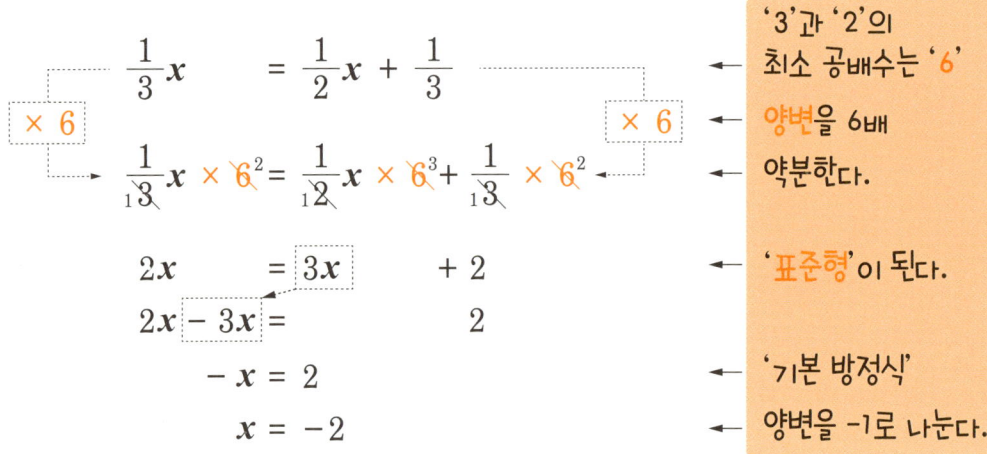

## 포인트 36

### '분수형' 방정식의 풀이

먼저, 분모의 공배수를 양변에 곱한다 → '표준형'으로!
(분모를 제거한다)

**예제**
다음 방정식을 풀어라.

$\frac{1}{4}x + \frac{1}{6}x = 5$

 음, 이쯤이야 여유 부리며 풀 수 있죠.

4의 배수   4   8   **12**   ……
6의 배수   6   **12**   ……

즉, '4'와 '6'의 최소 공배수는 '12'니까, 이 수를 곱해서 분수를 정수로 만들면 되겠네.

$\frac{1}{4}x \quad + \quad \frac{1}{6}x \quad = 5$

$\frac{1}{\cancel{4}}x \times \cancel{12}^3 + \frac{1}{\cancel{6}}x \times \cancel{12}^2 = 5$ 　　**뭔가 이상해!**

$\quad 3x \quad\quad + \quad 2x \quad\quad = 5$

 그, 그만!
선생님은 단지 분수를 정수로 만들면 된다고 말한 게 아니야.
**양변**에 분모의 최소 공배수를 곱하라고 한 거지.

예? 했다고 생각했는데.

 **우변**의 '5'에는 곱하지 않았잖니? 이래서는 **양변 계산**을 한 게 아니지.
**양변**에 분모의 최소 공배수를 곱한다는 말은,
**양변에 있는 모든 항**에 분모의 최소 공배수를 곱한다는 뜻이란다.
한 군데라도 곱하지 않은 항이 있으면 이미 **양변**은 같지 않게 되지.

 '소수형'의 풀이와 개념이 비슷하네요.

 그렇단다. 여기서는 생략하겠지만, 아직 이미지가 떠오르지 않는 사람은 '소수형'을 공부할 때처럼 그래프를 그려서 확실하게 알아 두려무나. (157~158쪽을 참고할 것)

〈해답〉

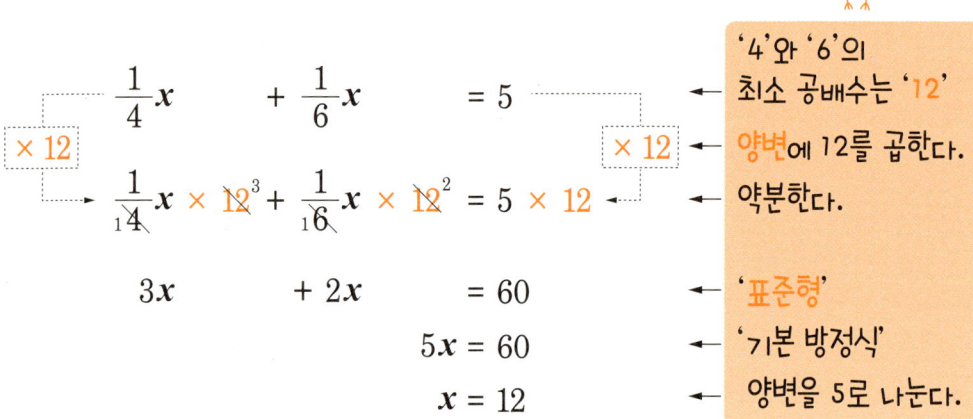

이것으로 방정식 계산 문제에 대한 기본 개념을 모두 공부했구나. 지금까지 설명한 방정식 해법의 흐름을 정리해 보면, 아래 해법 시스템으로 한눈에 볼 수 있단다!

**포인트 37**

### '방정식 계산 문제'의 해법 시스템

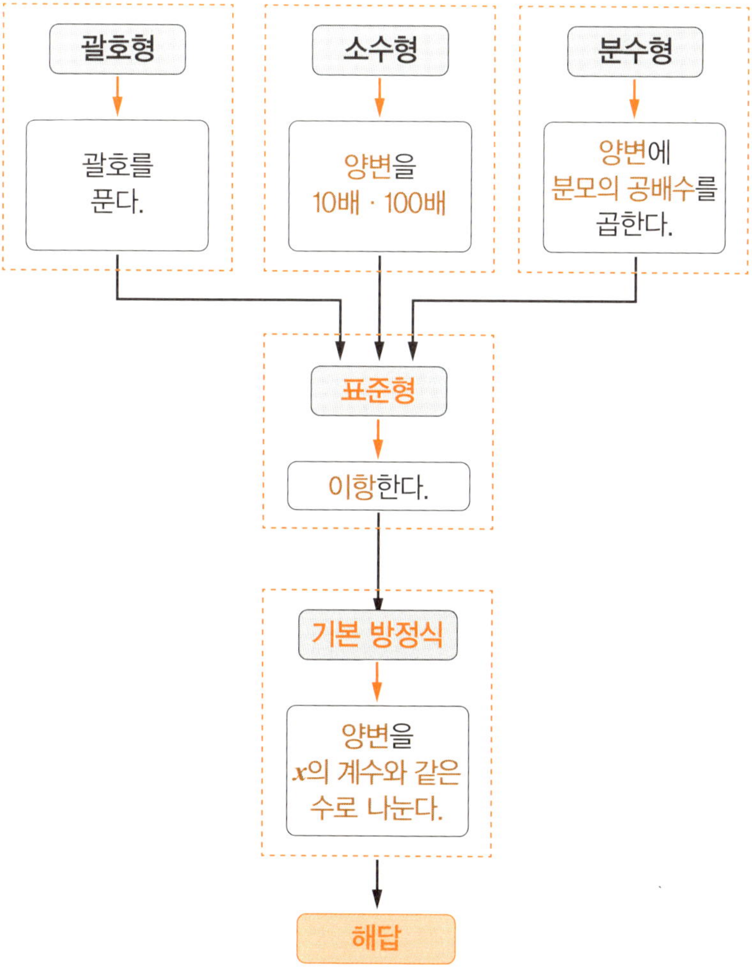

```
  괄호형         소수형          분수형
    ↓             ↓              ↓
  괄호를        양변을         양변에
   푼다.       10배·100배      분모의 공배수를
                              곱한다.
    ↓             ↓              ↓
            ┌─────────┐
            │  표준형  │
            └─────────┘
                 ↓
             이항한다.
                 ↓
            ┌───────────┐
            │  기본 방정식 │
            └───────────┘
                 ↓
              양변을
            x의 계수와 같은
             수로 나눈다.
                 ↓
              해답
```

# 10  분수형? 괄호형? (고난도 문제)

 그런데 지금까지 방정식의 기본이 되는 계산 문제를 다섯 가지 유형으로 공부했지만, 사실 다섯 가지 유형을 두 가지 이상 혼합한 어려운 문제가 나오기도 한단다. 이를테면, 다음과 같은 방정식은 어떻게 풀어야 좋을까?

---

**예제 (고난도)**
다음 방정식을 풀어라.

$$25 = \frac{4(500+x)}{100}$$

---

 시, 식 중에 괄호랑 분수가 들어 있다니!

 음, 어디부터 손을 대야 할까?

 이 예제와 같은, '**괄호와 분수**' 유형의 방정식은 의외로 시험에 자주 나오지.

이 유형의 방정식은 먼저 **분수의 분모를 없애야 한다**. 그래야 계산 실수를 덜 하게 되거든.

〈해답〉

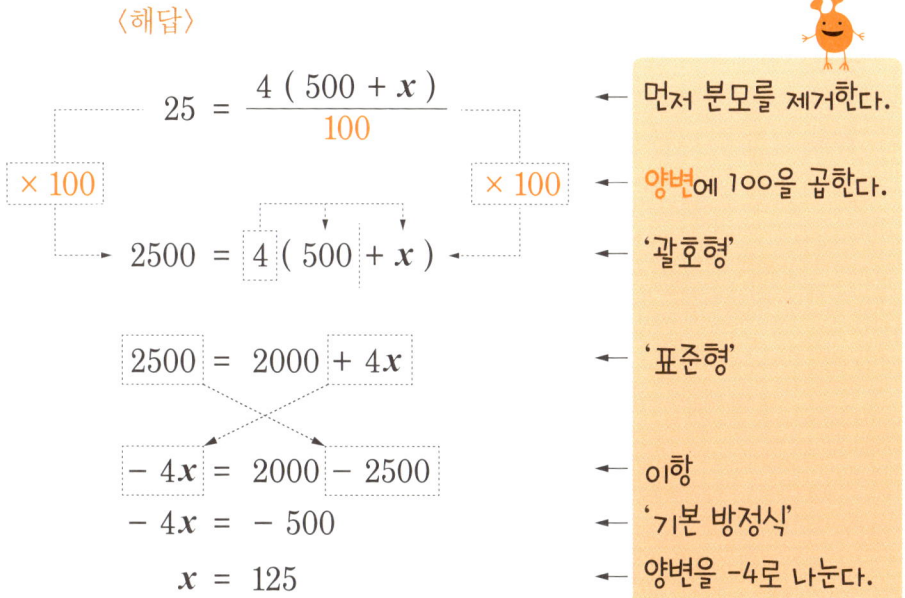

### 포인트 38

### '괄호&분수' 유형의 방정식 풀이

'괄호&분수' 유형의 방정식을 만나면……
→ 먼저 분모의 배수를 양변에 곱하여 분모를 없앤다.
→ '괄호형'이 된다!

 잘 알겠지?

그런데 다음 예제는 무지 자주 나오는 반면 실수하는 학생이 엄청 많은 고난도 문제란다. 어떻게 풀면 좋을까?

**예제 (고난도)**
다음 방정식을 풀어라.
$$\frac{1}{3}x - \frac{x+12}{12} = \frac{1}{4}$$

 에게, 이런 쉬운 문제쯤이야~

먼저 **분모의 최소 공배수**를 찾아보면

| 3의 배수 | 3 | 6 | 9 | 12 | …… |
| 12의 배수 | | | | 12 | …… |
| 4의 배수 | | 4 | 8 | 12 | …… |

즉, 12가 되고 이 수를 **양변**에 곱하면 되지.

 음, 여기까지는 맞았어.

 당연하죠! 계속해서 보여 드릴게요.

$$\frac{1}{3}x - \frac{x+12}{12} = \frac{1}{4}$$

$$\frac{1}{\underset{1}{3}}x \times 12^4 - \frac{x+12}{\underset{1}{12}} \times 12^1 = \frac{1}{\underset{1}{4}} \times 12^3$$

$$4x - x + 12 = 3$$

 이제 그만! 마지막 줄에서 또 틀렸어!

 왜…… 왜요?

172

이 부분은 아직 설명하지 않았으니 어쩔 수 없지.

실은, 이 방정식에 있는 $-\dfrac{x+12}{12}$ 같은 '분수 항'이 나오면, 분자 부분을 한 덩어리로 취급하는 거란다. 따라서

$$-\dfrac{x+12}{12}$$

분자 부분을 한 덩어리로 이미지화한다.

와 같이 이미지화해야지.

그렇다면, '−'는 '$x$'만이 아니라 분자 전체에 걸려 있다는 뜻이에요?

바로 맞혔어! 그래서 분모를 없앨 때 주의해야 하는 거야.

분모를 없애면, **분자의 식도 덩어리 이미지는 없어지고 별도 '항'으로 나뉘는 거지.**

$$\dfrac{\boxed{x+12}}{12} \times 12 = x + 12$$

 분자에 있는 식은 한 덩어리로 생각한다.

 분수가 없어지면 각각의 항이 된다.

이 문제의 경우 **분자의 식 전체에 '−'가 걸려 있기 때문에** 분모를 제거하고 각 항으로 나눌 때는 **각 항에 '−'를 곱해야 한다.**

$$\boxed{-}\frac{x+12}{12} \times 12 = -x - 12$$

항  항

 그, 그렇군요. 저는 분모를 제거할 때 '−'를 뒤의 항까지 적용하지 않았어요.

 괄호가 있는 식에서 괄호를 풀 때와 개념이 비슷해요.

**포인트 39**

### 분수식의 개념

분수식이 나오면, 분자 부분을 한 덩어리로 생각한다.
⇒ 분모를 없애면 각각의 항이 된다는 이미지를 기억하자.

〈해답〉

$$\frac{1}{3}x \quad - \frac{x+12}{12} = \frac{1}{4}$$ ← '분수식'이다.

$$\frac{1}{\underset{1}{3}}x \times \overset{4}{12} - \frac{x+12}{\underset{1}{12}} \times 12^{1} = \frac{1}{\underset{1}{4}} \times 12^{3}$$ ← 분모의 최소 공배수를 양변에 곱해서 분모를 없앤다('−'를 분자식의 항마다 곱한다).

$$4x \quad - x - 12 = 3$$ ← '표준형'

$$4x - x = 3 + 12$$ ← 이항

$$3x = 15$$ ← '기본 방정식'

$$x = 5$$ ← 양변을 3으로 나눈다.

**예제 (고난도)**
다음 방정식을 풀어라.
$$\frac{1}{3}x + \frac{x-2}{4} = \frac{1}{12}$$

 어, 아까 문제와 거의 같네요? 식은 죽 먹기예요!

$$\frac{1}{3}x + \frac{x-2}{4} = \frac{1}{12}$$

$$\frac{1}{\underset{1}{3}}x \times \overset{4}{12} + \frac{x-2}{\underset{1}{4}} \times \overset{3}{12} = \frac{1}{\underset{1}{12}} \times \overset{1}{12}$$

여기까지는 좋았는데……

$$4x + x - 6 = 1$$

 어딘지 틀린 것 같은데…….

 음, 마지막 한 줄이 꽝이구나! 가운데에 있는 분수 항을 다시 한 번 살펴보자.
여기에 '12'를 곱하면……

덩어리
$$\frac{\boxed{x-2}}{\underset{1}{4}} \times \overset{③}{12} \leftarrow$$

이 '3'은 분자식 전체에 걸리는 거야!

분모의 '4'와 약분되어 '×3'이 남았잖아. 이 '×3'은 '분자식 전체'에 걸리는 거란다. 따라서 **분모를 없앤 뒤, 나누어진 각각의 항에 '×3'을 해야만 하는 거지.**

$$\dfrac{x-2}{\cancel{4}_1} \times \overset{3}{\cancel{12}} = 3x - 6$$

> 분모를 없애면 분자식은 덩어리가 아닌 각각의 항이 되므로

> 양분하고 남은 3은 반드시 양쪽 항에 곱해야 한다.

 으윽! '−2'에만 3을 곱해서 틀리다니……. 나는 함정에 빠진 거야!

 호호! 그냥 틀린 거야.

〈해답〉

$$\dfrac{1}{3}x \;+\; \dfrac{x-2}{4} \;=\; \dfrac{1}{12}$$  ← 양변에 '12'를 곱한다.

$$\dfrac{1}{\cancel{3}_1}x \times \overset{4}{\cancel{12}} + \dfrac{x-2}{\cancel{4}_1} \times \overset{3}{\cancel{12}} = \dfrac{1}{\cancel{12}_1} \times \overset{1}{\cancel{12}}$$  ← 약분하고 남은 '×3'을, 분자식의 양쪽 항에 곱한다.

$$4x \;+\; 3x - 6 \;=\; 1$$  ← '표준형'

$$4x \;+\; 3x \;=\; 1 + 6$$  ← 이항

$$7x = 7$$  ← '기본 방정식'

$$x = 1$$  ← 양변을 7로 나눈다.

# 11 'a값'을 구하는 문제

 드디어 계산 문제도 이것으로 마지막이다!
마무리로 이러한 문제를 풀어 보자.

---
**예제**
다음 방정식에서 $x=1$인 경우, $a$의 값을 구하여라.
$-4x+a=-1$

---

 에? 문자가 두 가지나 있네!

 하지만 $x$는 '1'이라고 이미 알고 있으니까 방정식 중 '$x$' 자리에 1을 대입하는 거야.

$$-4\,\boxed{x}\,+a=-1 \quad \leftarrow \text{문자가 두 개 있지만……}$$
$$\downarrow$$
$$-4\times\boxed{1}+a=-1 \quad \leftarrow \text{'}x\text{'에 해를 대입하면}$$
$$-4+a=-1 \quad \leftarrow \text{문자는 '}a\text{'만 남는다!}$$

봐라. 문자가 '$a$'만 남았지? 잘 보면 **'문자가 $a$인 방정식'**이 된 거지.

어? 문자가 $x$가 아니어도 '방정식'이라고 하나요?

 그래, 문자의 종류는 그다지 관계없지.
자, 이 방정식을 풀어 '$a$'값을 구해 보자.

〈해답〉

$-4\boxed{x} + a = -1$ ← '$x$'와 '$a$'가 있지만

$-4 \times \boxed{1} + a = -1$ ← '$x$'에 '1'을 대입하면 '$a$의 방정식'이 되었네!

$\boxed{-4} + a = -1$

$a = -1 \boxed{+4}$ ← 이항

$a = 3$ ← '$a$'값이 나왔어!

 그, 그렇구나!
'$x$'의 정체는 처음부터 '1'이라고 알고 있었으니까, 보기에는 문자가 두 개지만 사실은 단지 '$a$의 방정식' 문제네.

 바로 그거야!

**포인트 40**

'$a$' 값을 구하는 문제

① '$x$' 자리에 ($x$의) 해를 대입한다. → 문자는 '$a$'만 남는다.
② '$a$의 방정식'을 풀어 $a$의 값을 구한다.

**예제**

다음 방정식에서 $x=-3$일 때 $a$의 값을 구하여라.

$4x+a=-6$

 이 문제에서는 주의해야 할 점이 하나 있단다.

만일 '$x$' 대신에 그대로 '$-3$'을 대입하면

$4\boxed{x} + a = -6$
$\downarrow$
$4\boxed{\times\ -3} + a = -6$

 '$\times -$'라니 뭐야!

 구분이 되질 않지?

해가 **음수(-가 붙은 수)**일 때는, '**괄호**'를 넣어서 **대입**하면 된단다.

⟨해답⟩

$4\boxed{x} + a = -6$  ← '$x$'의 해가 음수니까
$\downarrow$
$4\boxed{\times\ (-3)} + a = -6$  ← 괄호를 넣어 대입했구나!
$-12 + a = -6$  ← '$a$의 방정식'이 되었어.
$a = -6 + 12$  ← 이항
$a = 6$  ← '$a$'값을 알아냈다!

# 원 포인트 레슨

다음 식을 계산하여라.

$$\frac{1}{2}+\frac{1}{3}$$

 이히히, 아주 쉬운 문제로군! 분모를 없애면 되지.

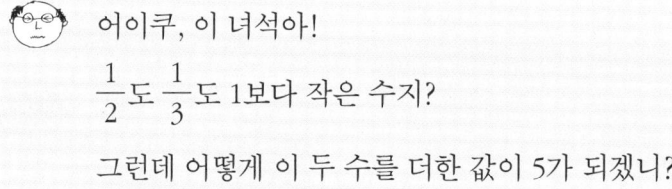

선생님! 마구 칭찬해 주셔도 돼요.

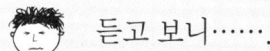 어이쿠, 이 녀석아!

$\frac{1}{2}$도 $\frac{1}{3}$도 1보다 작은 수지?

그런데 어떻게 이 두 수를 더한 값이 5가 되겠니?

 듣고 보니……

이 문제는 분모를 없애야 하잖아요?
**양변 계산**이 가능한 건 원래 '**등식**'이 성립되는 식에서 아녜요?

 그렇지!
이 문제는 '**좌변 = 우변**'의 꼴로 출제된 게 아니니까 아무리 애써도 **양변 계산**은 불가능하지.
다시 말해, **양변**에 6을 곱해서 분모를 없애는 일은 할 수 없어. 바로는 마음대로 식을 6배해서 풀었으니 벌도 여섯 배를 줄까 보다! 최악이야!

 히히! (웃음)

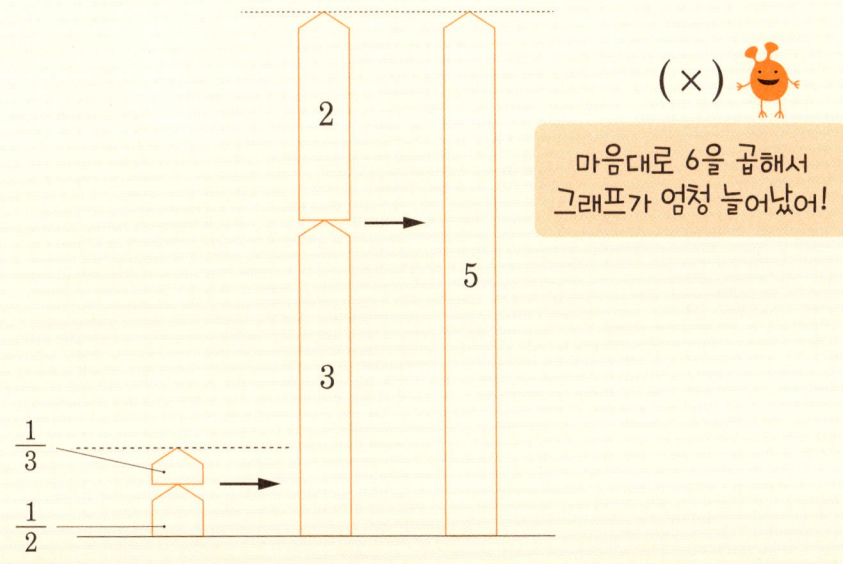

이것은 '산수'에서 공부한 보통 분수의 덧셈이야. 그러니까 '산수'에서 공부한 '통분'을 사용해서 풀어야 해. 같이 해 보자.

$$\frac{1}{2} + \frac{1}{3} = \frac{3}{6} + \frac{2}{6}$$
$$= \frac{5}{6} \quad \cdots\cdots \quad (답)$$

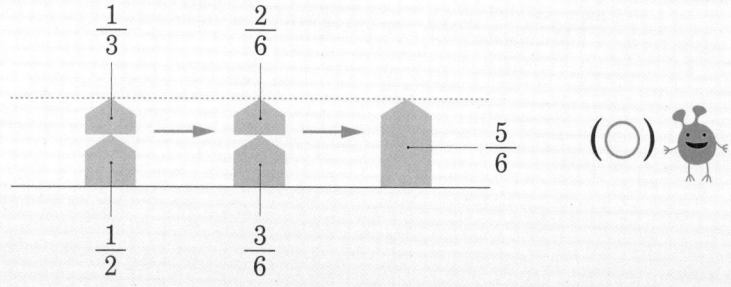

잘 알겠지?
이 책의 핵심 주제는 '방정식'이라서 '통분' 개념은 따로 설명하지 않겠지만, 잘 모르겠으면 초등학교 때 쓰던 산수 교과서를 잘 읽어 보고 복습하면 좋을 거야.

그러면 다음 문제를 풀어 봐라.
식에 'x'가 들어 있지만 **좌변＝우변** 꼴은 아니지. 즉, 방정식 문제는 아니란다.

다음 식을 계산하여라.

$$\frac{1}{2}x + \frac{1}{3}x$$

 이 문제도 '등식'이 아니라서 분모를 없앨 수 없겠네요?
단지 '문자식'의 계산 문제니까 '통분'해서 풀어야겠어요.

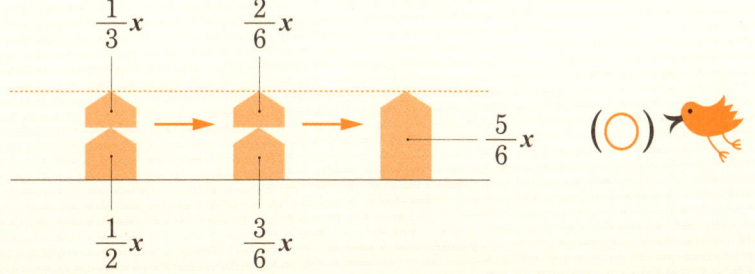

 좋았어!
'분수형' 방정식의 풀이 방법을 무조건 암기만 하는 학생은 이런 평범한 문자식 계산 문제까지도 분모를 없애서 풀려고 하는데, 그런 엉터리 녀석들은 드롭킥으로 엉덩이를 차 줄 거야!

 쿡! (웃음)

1  지불 금액, 남은 돈, 개수 등의 표시 방법

2  속도, 시간, 거리의 표시 방법

3  'ㅇ할'의 표시 방법

4  'ㅇ%'의 표시 방법

네 번째 이야기

# 문장제 문제의 기초

문장제 문제에 도전!
이해해, 이해하고도 남아!
자, 달인의 길로 나가자!

# 01 지불 금액, 남은 돈, 개수 등의 표시 방법

 아자! 이제 드디어 '**문장제 문제의 기초**'를 공부하는구나. 힘차게 달려 보자!

 으악, 저는 문장제 문제라면 딱 질색인데…….

 그런 사람이 무척 많단다.
문장제 문제가 끔찍하게 느껴지는 가장 큰 원인은 바로 '**문장제 문제의 내용을 식으로 나타내는 방법**'을 근본적으로 알지 못하기 때문이지.
그러니 의미도 모른 채 풀이 방법을 무조건 외우려고만 해. 그런 공부법으로는 아무리 해도 문장제 문제를 자신 있게 풀 수 없단다. 결국, 공부는 하는데도 결과가 신통치 않은 거야. 그래서 이제 **기본 개념**부터 꼼꼼하게 설명해 주려고 해. 그럼 먼저, 가장 기본이 되는 '**지불 금액**'과 '**남은 돈**', '**개수**'의 표시 방법부터 알아보자.

> **예제**
> '1개에 $x$원짜리 초콜릿을 4개 살 때 지불해야 할 금액'을 문자식으로 나타내라.

 '$x$원짜리 초콜릿'이라니······.

 갑자기 문자를 사용해서 생각하려니 좀 힘들지?

그럴 때는 먼저 두 번째 이야기에 나온 '비밀' 테크닉인 **'문자식 연상법'**을 사용해 보자.

다시 말해, 처음 **'숫자'를 사용해서 식을 이미지**화하고, 그다음에 **'숫자'를 '문자'로 다시 바꾸는 거야.** 해 볼까.

 **지불 금액**은 **(1개의) 가격×개수**로 나타내면 되는군요.

 그래. 숫자로 이미지화하면 간단하지.

예제
'500원으로 $x$원짜리 초콜릿을 4개 사고 남은 돈'을 문자식으로 나타내라.

 음, 이번에는 남은 돈이라…….

 이 문제도 '문자식 연상법'을 사용해 볼까?
먼저 남은 돈의 식을 '수학'을 사용해서 이미지화해 보자.
그리고 그 식에서 지불 금액 대신 $4x$원($x$원의 초콜릿 4개의 물건 값)을 넣어 보면……
500원을 가지고 가서……

|가진 돈| |지불 금액| |남은 돈|

280(원) 사용함 ➡ 500(원) − 280(원) = 220(원)

320(원) 사용함 ➡ 500(원) − 320(원) = 180(원)

360(원) 사용함 ➡ 500(원) − 360(원) = 140(원)

$4x$(원) 사용함 ➡ 500(원) − $4x$(원)

더 계산할 수 없으므로 이 식이 답이 된단다.
잘 알겠지?

(답) $500-4x$원

**포인트 41**

## 지불 금액과 남은 돈의 표시 방법

◎ **지불 금액** = (물품 1개) 가격 × 개수

◎ **남은 돈** = 가지고 있던 돈 − **지불 금액**

 처음에도 말했지만 계속 정리하고 있는 포인트를 '공식'으로 외우려고만 하면 절대 안 돼! 확실하게 **개념부터 머릿속에 넣어 두어야 응용할 수 있고** 다른 문제가 나와도 쉽게 풀 수 있단다.

### 연·습·문·제

'300원으로 $x$원짜리 초콜릿을 1개 사고 남은 돈'을 문자식으로 나타내라.

해답>>

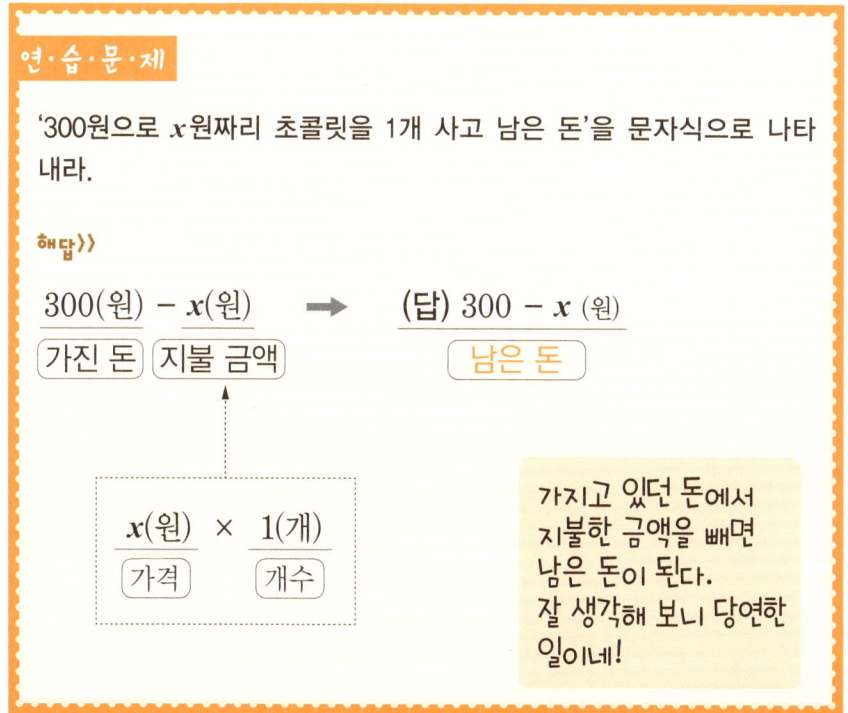

가지고 있던 돈에서 지불한 금액을 빼면 남은 돈이 된다. 잘 생각해 보니 당연한 일이네!

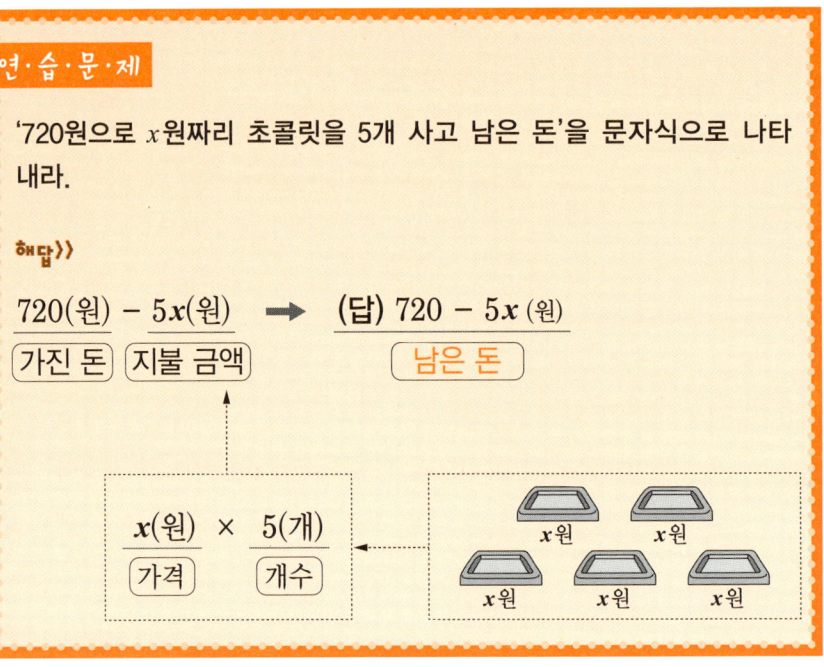

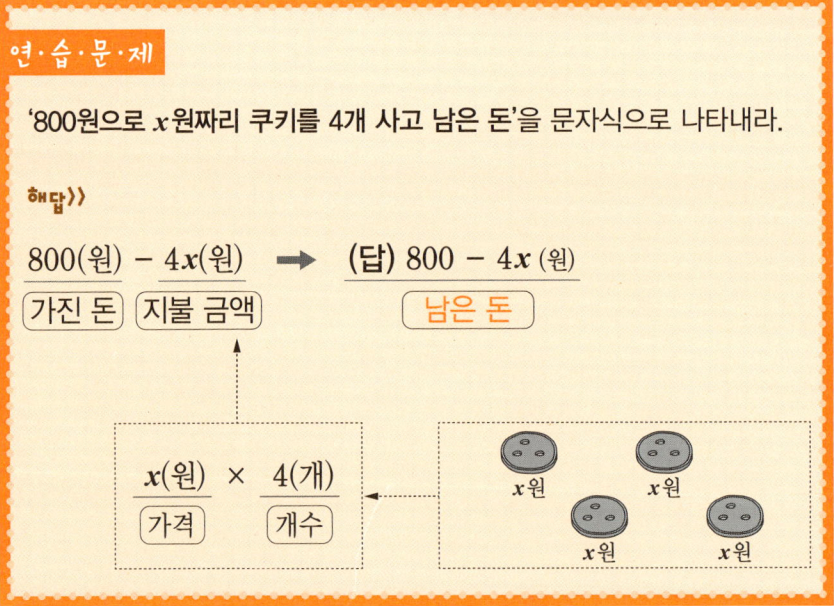

> **예제**
> (1) '500원으로 $x$원짜리 쿠키를 3개 사고 남은 돈'을 문자식으로 나타내라.
> (2) '(1)의 답을 2배한 금액'을 문자식으로 나타내라.

 이쯤이야 식은 죽 먹기지.

(1)은,

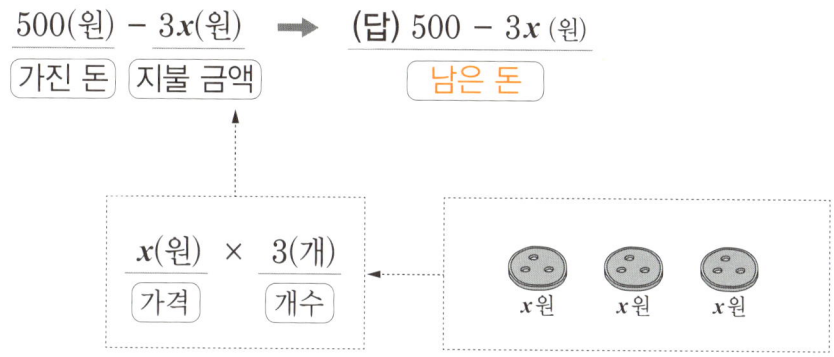

 와! (1)은 맞았구나.

 당연하죠!

(2)는, $500 - 3x$를 2배하면 되니까……

$500 - 3x \times 2 = 500 - 6x$

$3x$만 2배해도 괜찮을까?

 잠깐만!

이렇게 '**어떤 문자식을 ○배하여라**'라는 문제가 나오면, 바로처럼 **식의 일부 항에만 ○배하면 안 돼. 식 전체를 ○배**해야지.

그러면 어떻게 해야죠?

 먼저 **원래 식에 괄호를 붙여** 보자.

$$500 - 3x$$
$$\downarrow$$
$$(500 - 3x)$$

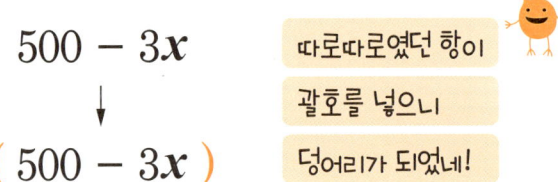

식 전체가 한 **덩어리**가 되었지.

여기에 2를 곱하면, 식 전체를 **2배**하는 거란다.

$$(500 - 3x) \times 2 = 2(500 - 3x)$$

(답) $2(500 - 3x)$ (원)

 '캡슐 이론'의 응용이네요.

**포인트 42**

### 문자식을 ○배한다

'어떤 문자식을 ○배하여라'

⇒ 이 식에 '**괄호**'를 넣어서 ○배한다.

### 연·습·문·제

(1) '770원 중 다른 사람에게 $x$원을 건네주고 남은 돈'을 문자식으로 나타내라.
(2) '150원이 있는데 다른 사람에게 $x$원을 받았다. 현재 가지고 있는 돈'을 3배한 금액을 문자식으로 나타내라.

해설〉〉

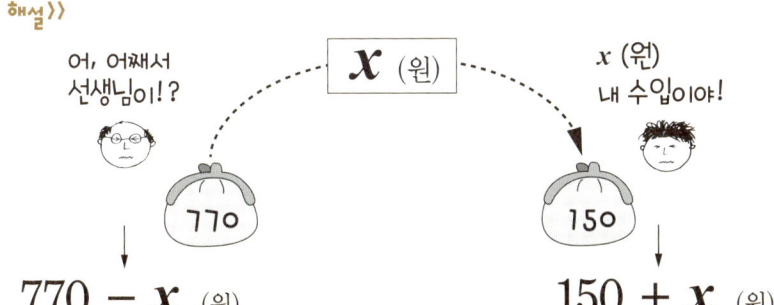

 (1)은 무척 간단하지.  **(답)** $770 - x$ (원)

(2)는 어떨까?

원래 150원을 가지고 있었는데 $x$원 늘어났으니까

'$150 + x$원'

그리고 나서 이 식을 3배하면……

$$(150 + x) \times 3 = 3(150 + x)$$

↑ 포인트 42

**(답)** $3(150 + x)$ (원)

> **예제**
> '한 자루에 60원인 펜과 한 자루에 50원인 펜이 총 10자루 있다.
> 60원인 펜이 $x$자루일 때, 50원인 펜의 개수'를 문자식으로 나타내라.

 '50원인 펜의 개수'를 문자식으로 나타내는 거구나.
그러면 '**총 10자루**'에 주목! 이 문제도 먼저 '**문자식 연상법**'을 사용해서 풀자.

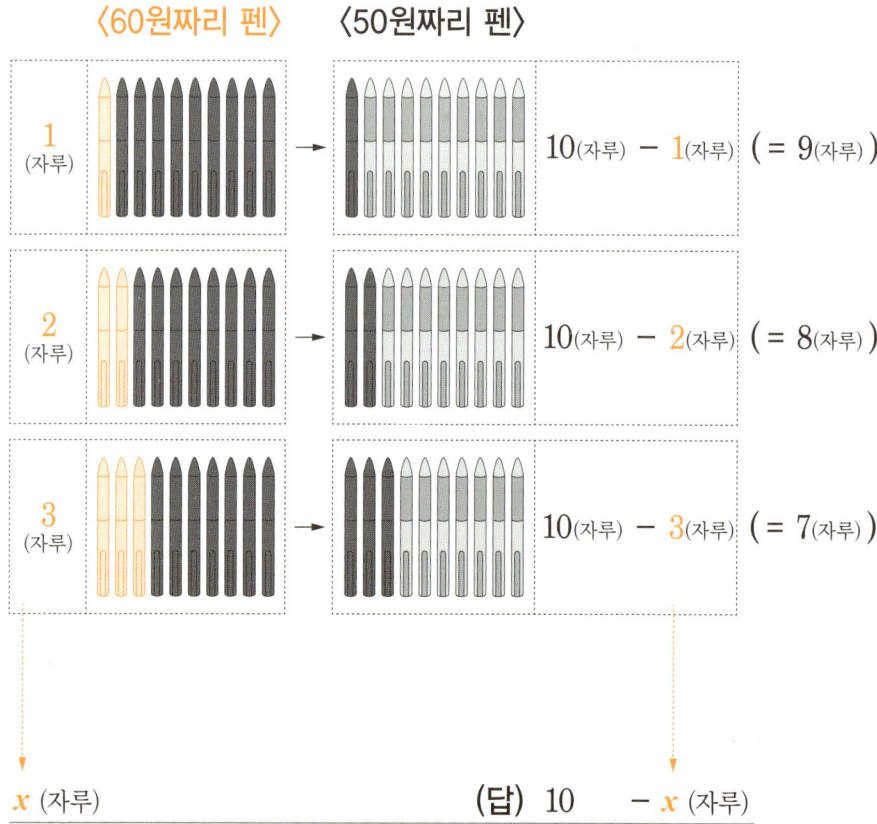

(답) $10 - x$ (자루)

우와! 알았어요.

**양쪽의 펜을 합한 개수는 '10자루'**라는 걸 처음부터 알고 있으니까, 10에서 **'60원짜리 펜의 개수($x$자루)'**를 빼서 **'50원짜리 펜의 개수'**를 나타낸다는 발상이군요.

 그렇단다.
이것도 숫자로 생각하면 당연한 일이지만, 문자식으로 표현하려고 하면 의외로 까다롭거든.
이 발상은 확실하게 기억해 두어라.

**포인트 43**

### '합하여 ○개'의 개념

문장제 문제에서 '합하여 ○개'(전체 개수)라고 쓰여 있는 경우,

⇒ ① 먼저, 한쪽의 개수를 '$x$개'로 한다.
⇒ ② 다른 한쪽의 개수는, (전체 개수)−$x$로 나타낸다.

> **예제**
> '한 자루에 60원인 펜과 한 자루에 50원인 펜이 10자루 있다. 60원인 펜이 $x$자루일 때 펜의 합계 금액'을 문자식으로 나타내라.

 이 문제에서 말하는 **합계 금액**은,

'60원짜리 펜의 값'과 '50원짜리 펜의 값'을 합한 금액이지.

이것은 다음 두 단계로 생각할 수 있단다.

❶ '60원짜리 펜의 값'과 '50원짜리 펜의 값'을 각각 나타낸다.

〈60원짜리 펜의 합계 금액〉　　〈50원짜리 펜의 합계 금액〉

$60(원) \times x(개) = 60x(원)$　　$50(원) \times (10-x)(개)$
$= 50(10-x)(원)$

(☞ 190~191쪽)

❷ 문자식을 더한다

합계 금액 $= 60x + 50(10-x)(원)$ ……(답)

문제가 어려워 보이지만 기초를 잘 알고 있다면 걱정할 것이 없단다.

> **예제**
> '사과를 $x$명에게 5개씩 나누어 주니 3개가 남았다. 이때 사과의 총 개수'를 문자식으로 나타내라.

 먼저 '$x$명에게 5개씩' 나누어 주려면 사과는 몇 개 필요할까?

 5(개) × $x$(명) = $5x$(개) 아녜요?

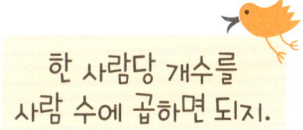
한 사람당 개수를 사람 수에 곱하면 되지.

 좋아! 그렇게 하면 돼. 그리고 문제를 보면 거기에 '3개 남았다'고 쓰여 있지?
다시 말해 **총 개수**는 '$5x$개보다 3개 많았다'고 생각할 수 있으니까……

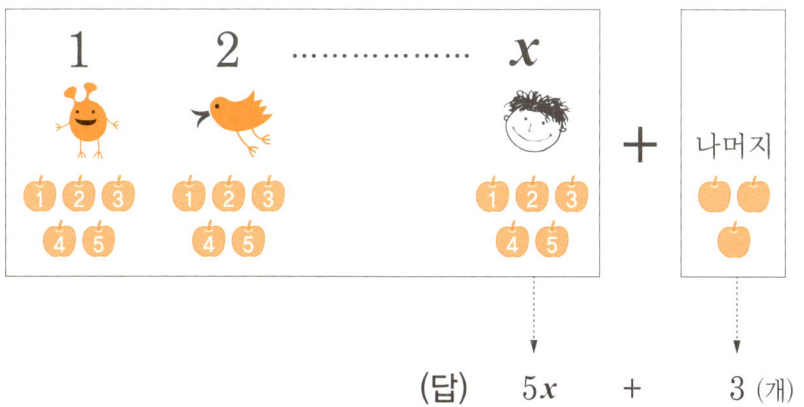

(답)  $5x$  +  3 (개)

**예제**
'사과를 $x$명에게 6개씩 나누어 주려고 했더니 4개가 모자랐다. 이때 사과의 **총 개수**'를 문자식으로 나타내라.

 '$x$명에게 6개씩' 나누어 주려면 사과는 몇 개 필요하지?

 6(개) × $x$(명) = 6$x$(개)   개수 × 사람 수

이렇게 하면 되지 않을까요?

 응, 그렇지.
다만, 문제를 보면 '4개 모자랐다'고 쓰여 있어.
다시 말해, 사실 **총 개수**는 '6$x$개보다 4개 적었다'고 생각할 수 있지.

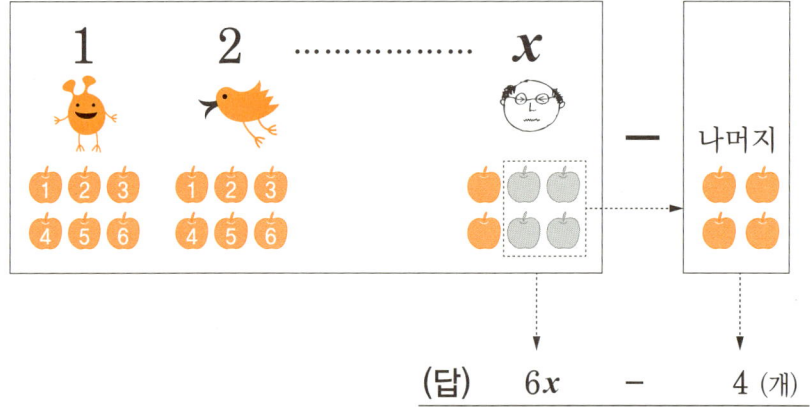

(답) $6x - 4$ (개)

# 02 속도, 시간, 거리의 표시 방법

🧑‍🦰 이번에는 '**속도, 시간, 거리**'의 표시 방법을 생각해 보자.
산수에서도 배웠을 테지만 여기서는 더욱 근본적인 부분부터 다져 두자.
예를 들어, '**시속 10km**'가 무엇을 뜻하는지 확실히 설명할 수 있겠니?

🧑 선생니~임, 그런 상식쯤 잘 알죠.
'시속 9km'보다 빠르고 '시속 11km'보다 느린 속도잖아요.

🧑‍🦰 음, 틀린 건 아니지만 정확한 설명이라고는 할 수 없지.
아마 '시속 ▢km' 같은 '**속도(빠르기)를 나타내는 단위**'의 의미를 골똘히 생각해 본 적이 있는 사람은 별로 없을 거야.

듣고 보니 그런 것 같기도…….
'시속'이란 실제로 어떤 의미예요?

 자, 재빨리 대답해 보자!

| '시속 □km' ➡ '1시간에 □km 나아갈 수 있는 속도' |

그럼, 아까의 질문에 대한 확실한 대답은,

'시속 10km' ➡ '1시간에 10km 나아갈 수 있는 속도'란다.

하는 김에 '시속 9km'와 '시속 11km'의 의미도 생각해 보면 아래와 같지.

'시속 9km' ➡ '1시간에 9km 나아갈 수 있는 속도'
'시속 11km' ➡ '1시간에 11km 나아갈 수 있는 속도'

 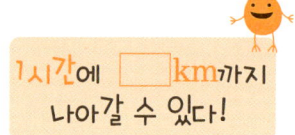

 '시속'이라는 단위를 사용하는 경우, 언제나 '1시간'을 기준으로 생각하나요?

응, 아주 중요한 점을 찾아냈구나.
항상 '**1시간**'으로 정해진 시간에 맞춰 생각한다면 속도를 이미
지화하기 쉽기 때문이지.

 그건 무슨 뜻이에요?

 자, 여기서 선생님이 발명한 엄청 대단한 '**플레이트 시스템**'이
라는 '비밀' 테크닉을 가르쳐 주마.
먼저 '**시속 ☐ km**'라는 용어를 보면 곧바로,

'☐ km' 길이의 플레이트(좁고 긴 판) 이미지를 떠올려 보자.

 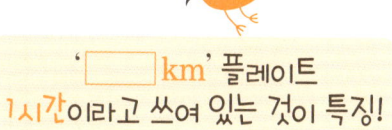

플레이트를 이러한 느낌으로 이미지화할 수 있다면, 아래와 같
이 바꿔 말할 수 있겠지.

 ← 위 두 가지가 특히 중요
바로바로 바꿔 말할 수 있도록
잘 알아 두자.

그러면 여기서 '시속 9km', '시속 10km', '시속 11km'를 각각 표현하는 세 가지 플레이트를 이미지화해 보자.

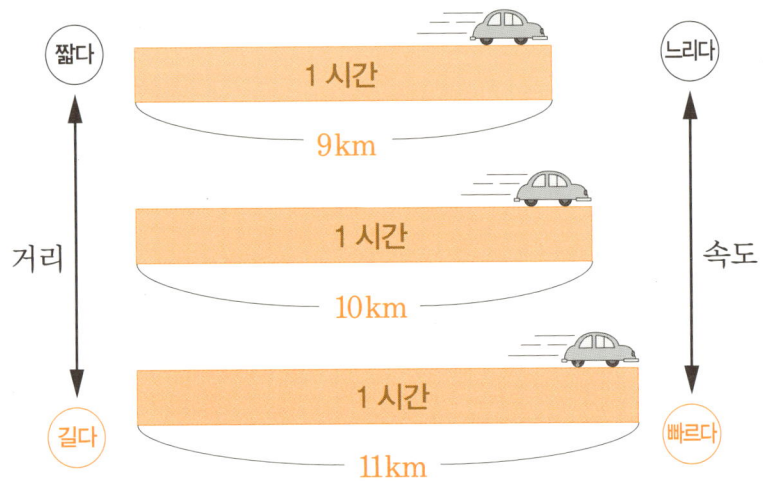

전부 '1시간'이라는 같은 시간을 기준으로 생각하므로, **나아가는 거리가 짧으면 짧을수록, 속도는 느려지고 나아가는 거리가 길면 길수록, 속도는 빨라진다**는 것을 알 수 있지.

이런 이유로 아래와 같이 숫자만으로 속도를 비교할 수 있단다.

느리다 ← 시속 9̇km 〈 시속 1̇0̇km 〈 시속 1̇1̇km → 빠르다

**포인트 44**

### 플레이트 시스템

'시속 □km' = 1시간에 □km 나아갈 수 있는 속도

⇒ 길이가 □km인 플레이트를 이미지로 떠올려 보자.

그 밖에도,

'분속 □m' = '1분 동안에 □m 나아갈 수 있는 속도'

라는 단위가 사용되기도 하니까 함께 기억해 두어라.

이제 '속도'를 구하는 방법을 알아보자.

> **예제**
> 어떤 차가 2시간에 60km를 달렸다. 이때 차의 시속을 구하여라.

 '시속 □km인가?' → '1시간당 □km 나아갈 수 있는가?'로 바꾸어 생각해 보자.

|  □km  | 플레이트 1장의 길이는? |
|:---:|:---:|
| 1 시간 | 1 시간 |

60km

2시간에 60km(전체 거리)를 갔다는 말은……

**1시간당** 달릴 수 있는 거리를 구하면,

60(km) ÷ 2(시간) = 30(km) …… (답) 시속 30km

**포인트 45**

'속도'를 구하는 방법

'시속 □km인가?' → '1시간당 □km 나아갈 수 있는가?'를 구하면 된다.

### 연·습·문·제

어떤 자동차가 3시간에 60km를 달렸다. 이때 자동차의 시속을 구하여라.

3시간에 60km 달렸으니까 **1시간**에는 몇 km 달렸을까?

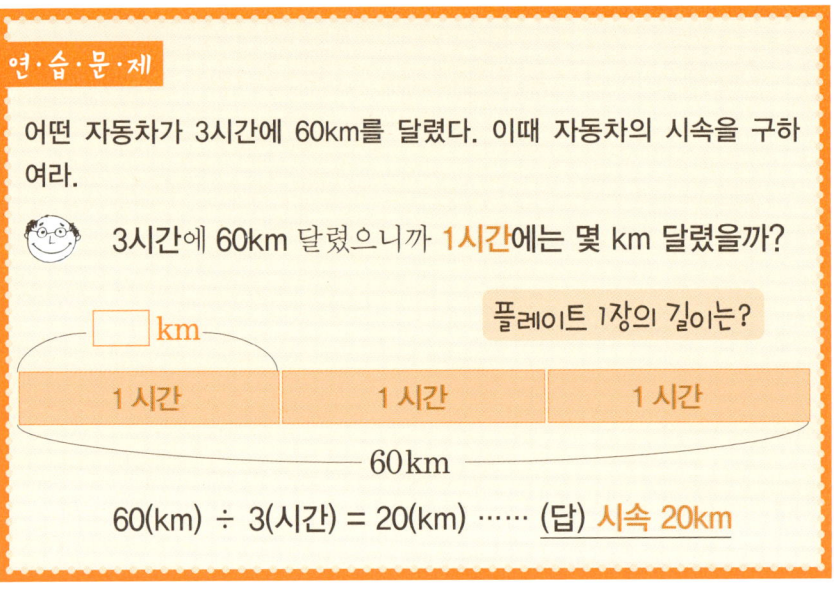

60(km) ÷ 3(시간) = 20(km) …… (답) **시속 20km**

### 연·습·문·제

어떤 자동차가 4시간에 60km를 달렸다. 이때 자동차의 시속을 구하여라.

4시간에 60km 달렸으니까, **1시간** 동안 달린 거리는……

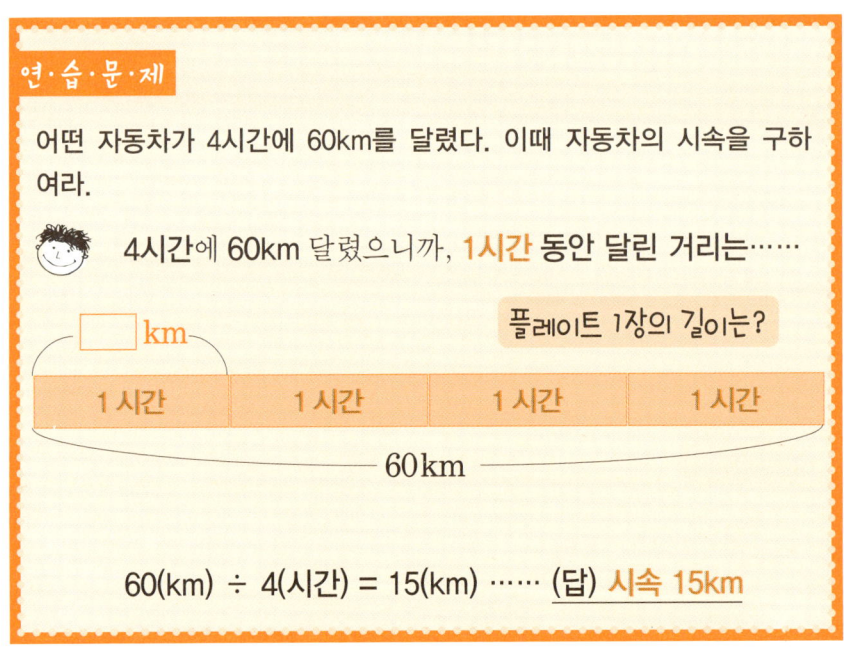

60(km) ÷ 4(시간) = 15(km) …… (답) **시속 15km**

이번에는 '시간'을 구하는 방법을 알아보자.

> **예제**
> 어떤 자동차가 60km 거리를 시속 30km로 달렸다.
> 이때 자동차는 몇 시간 동안 달렸는지 구하여라.

'시속 30km' ➡ '1시간 동안 30km를 달린다'는 뜻이라고 했지? 60km(자동차가 달린 거리)는 30km의 몇 배일까?

60(km) ÷ 30(km) = 2

다시 말해, 자동차는 '1시간에 갈 수 있는 거리'의 2배를 달린 거지.

따라서 걸린 시간은…… **(답) 2시간**

**포인트 46**

### '시간'을 구하는 방법

'걸린 시간' → 자동차가 나아간 전체 거리가 1시간에 갈 수 있는 거리 (= 시속 □km)의 몇 배인지 구하면 된다.

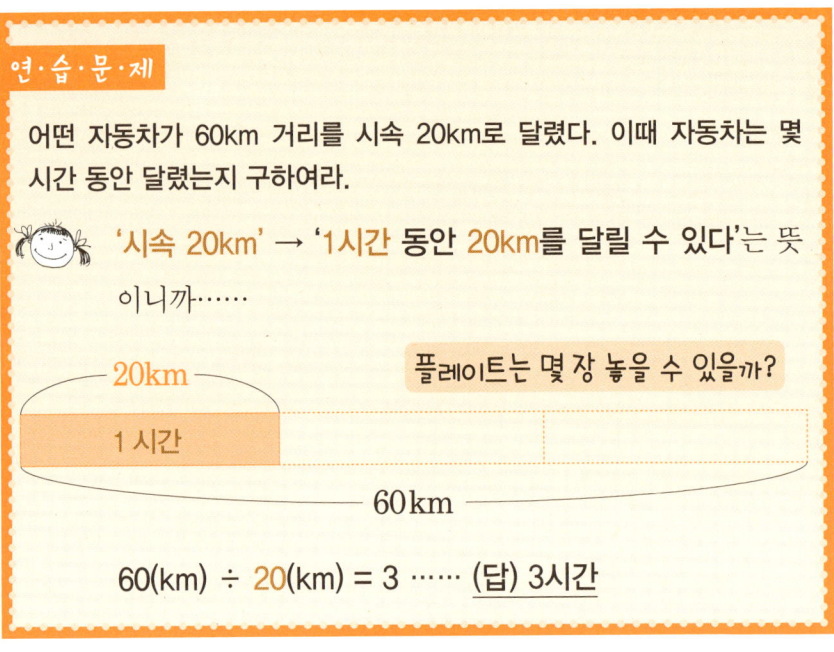

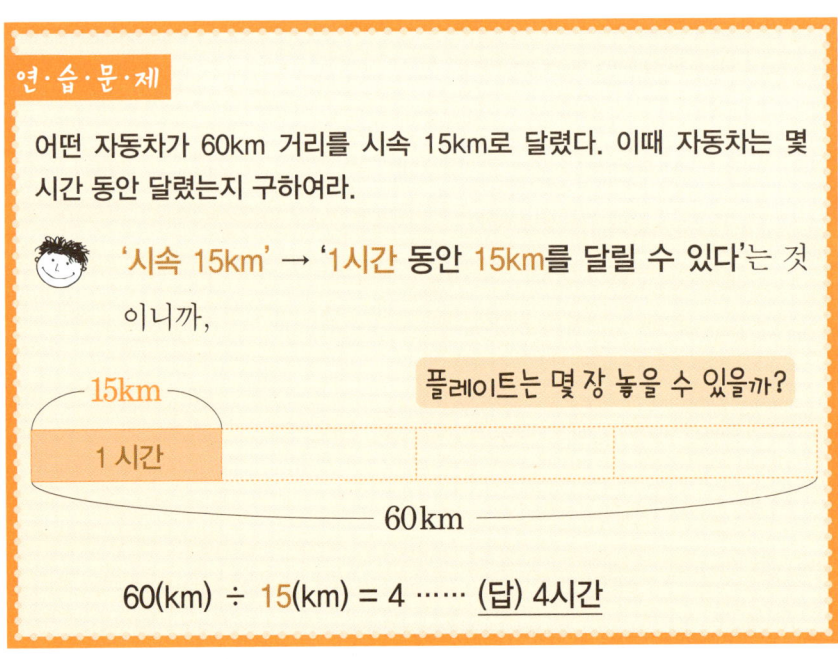

마지막으로 '거리'를 구하는 방법을 공부해 보자.

> **예제**
> 어떤 자동차가 시속 15km로 2시간 동안 달렸다. 이때 자동차가 이동한 전체 거리를 구하여라.

'시속 15km' → '1시간당 15km 갈 수 있다'는 뜻으로 바꿔 말할 수 있으니까……

 알았다!

1시간에 갈 수 있는 거리(15km)에 시간 수(2)를 곱하면 전체 거리가 나올 것 같아.

15(km) × 2(시간) = 30(km) …… (답) 30km

 좋았어, 오케이!

**포인트 47**

**'거리'를 구하는 방법**

'나아간 거리' → '1시간에 간 거리'(= 시속 □km)에 시간 수를 곱하면 된다.

### 연·습·문·제

어떤 자동차가 시속 15km로 3시간 동안 달렸다. 이때 자동차가 이동한 전체 거리를 구하여라.

$15(km) \times 3(시간) = 45(km)$ …… (답) 45km

### 연·습·문·제

어떤 자동차가 시속 15km로 4시간 동안 달렸다. 이때 자동차가 이동한 전체 거리를 구하여라.

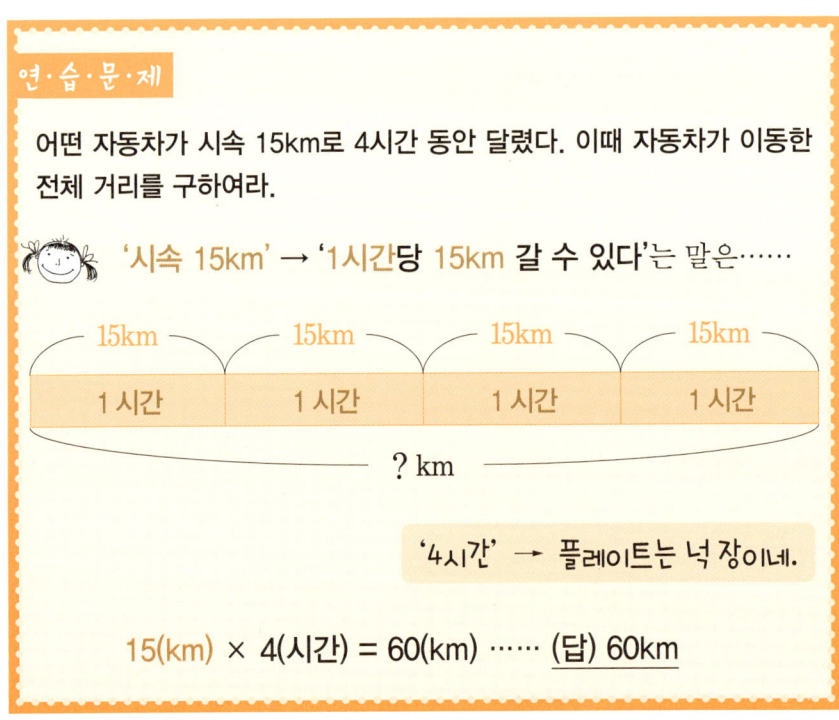

$15(km) \times 4(시간) = 60(km)$ …… (답) 60km

잘했어.

포인트 45~47을 정리하면 다음과 같은 유명한 공식이 된단다.

---

**포인트 48**

**'속도 · 시간 · 거리'**

- **속도** = 거리÷시간 (←포인트 45에서)
- **시간** = 거리÷속도 (←포인트 46에서)
- **거리** = 속도×시간 (←포인트 47에서)

---

 아, 이 공식, 산수에서 배워서 알아요.
오늘 처음으로 그 뜻을 알았어요. (웃음)

 저도 '탄성의 법칙'을 사용해서 무조건 외웠는데…….

 근본 개념이나 이미지를 확실히 이해한다면 사실 공식 암기법은 특별히 필요 없단다. 더구나 제대로 알고 있다면 어쩌다 잊어버려도 금세 다시 생각나거든.
그러면 이제 문자를 사용해 '속도 · 시간 · 거리'를 나타내는 문제를 풀어 볼 거야.
개념은 숫자를 사용한 경우와 똑같단다. 자, 시작하자.

> **예제**
> 어떤 사람이 $x$ km의 거리를 시속 4km로 걸었다. 이때 걸린 시간을 문자식으로 나타내라.

 '시속 4km' → '1시간에 4km 나아간다'는 거네.

그러면 $x$ km(걸어간 거리)가 4km(1시간 동안 나아간 거리)의 몇 배인지 생각해 보자. 그러면 걷는 데 걸린 시간을 알 수 있겠지.

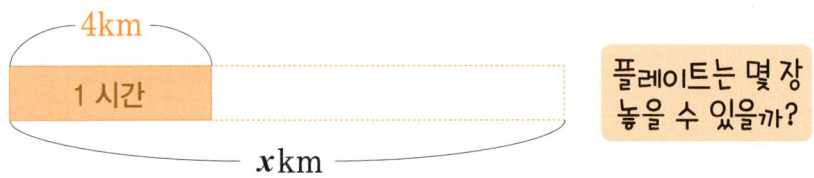

걸어간 $x$ km를 4km로 나누면 좋을 것 같구나.

$$x(\text{km}) \div 4(\text{km}) = \frac{x}{4}$$

'÷' 앞이 위, 뒤가 아래

이렇게 되니까 걸린 시간은, **(답)** $\dfrac{x}{4}$ 시간

 역시! 확실히 숫자로 생각했을 때랑 똑같은 이미지네요.

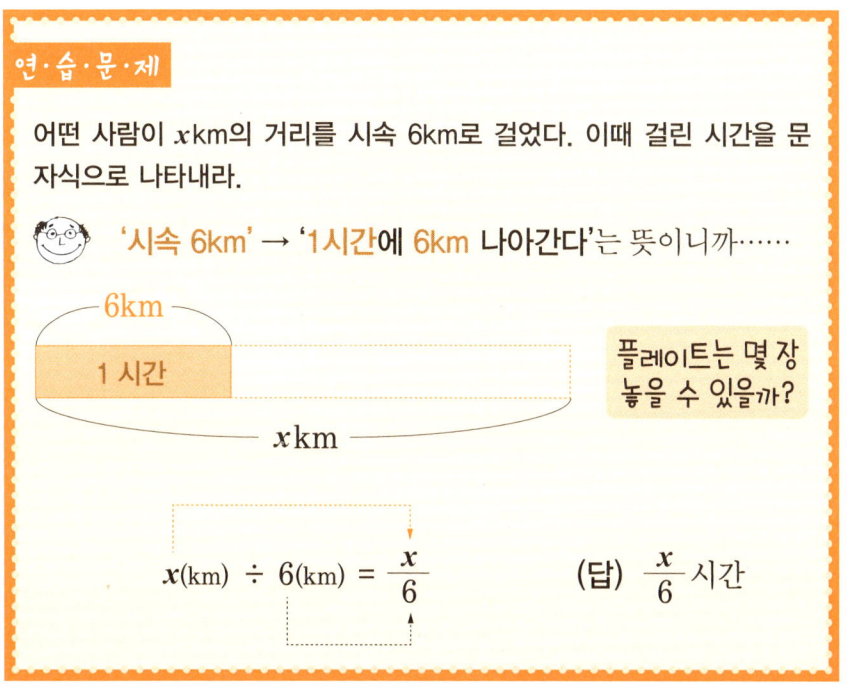

문자식이 팍 떠오르지 않는 사람은 205~206쪽에 나와 있는 문제와 비교해 보면 좋을 거야. 그러면 개념은 이해한 것 같으니까 시험 볼 때는 다음 공식을 사용해서 답을 척척 구하면 좋겠구나.

$$\boxed{시간} = 거리 \div 속도 = \frac{거리}{속도}$$

> **예제**
> 어떤 사람이 시속 5km로 $x$시간 걸었다. 이때 그 사람이 걸어간 거리를 문자식으로 나타내라.

 '시속 5km' → '1시간에 5km 걸어갈 수 있다'는 뜻으로 바꿔 생각할 수 있지.

그러면 '$x$시간'에는 몇 km 갈 수 있을까?

 아, 알았어요.

**1시간에 갈 수 있는 거리(5km)에 시간 수($x$)를 곱하면** 전체 거리가 나오는군요.

5(km) × $x$(시간) = 5$x$(km)   (답) 5$x$km

 잘했어!
이 문제도 한 번에 생각나지 않는 사람은 207~208쪽의 문제와 비교해 보자.

 거리를 문자식으로 나타낼 경우도, 숫자로 생각했을 때랑 똑같은 이미지예요.

### 연·습·문·제

어떤 사람이 자전거를 타고 시속 20km로 $x$시간 달렸다. 이때 자전거가 이동한 거리를 문자식으로 나타내라.

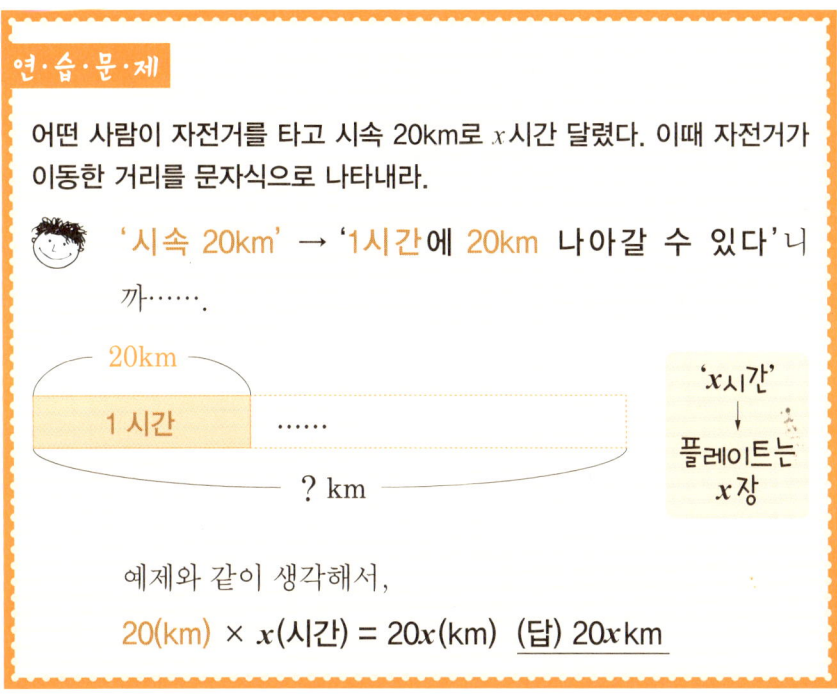

예제와 같이 생각해서,

$$20(\text{km}) \times x(\text{시간}) = 20x(\text{km}) \quad \underline{(답)\ 20x\,\text{km}}$$

 좋아, 완벽해!

이 유형의 문제도 개념을 다 이해한 것 같으니 시험 때는 아래 공식대로 척척 풀면 된단다.

$$\boxed{거리} = 속도 \times 시간$$

네 번째 이야기 **문장제 문제의 기초**

## 03 '○할'의 표시 방법

 그럼 다음은 일상생활에서 자주 듣는, '○할'의 표시 방법을 알아볼 거야. 이것도 '산수'에서 공부했겠지만 더 근본적인 방법을 이미지화해 보자.

---

**예제**
빵이 20개 있는데 그중 1할은 초콜릿 빵이다. 초콜릿 빵의 개수를 구하여라.

---

 분명 '1할'은 '0.1'이라고 한 것 같은데…….
그러니까 답은, 20(개) × 0.1= 2(개) 아닐까?

 나도 그렇게 배웠어. 하지만 이미지가 확 다가오질 않네…….

사실은 말이지, 'O할'을 구하는 문제에서는 대개 '어떤 말'이 생략되어 있단다.

이 말을 넣어 주면 문제의 의미를 금세 깨닫게 될 거야.

> **수정 예제**
> 빵이 20개 있는데, 이것을 10할이라고 한다.
> 그중 1할은 초콜릿 빵이다.
> 초콜릿 빵의 개수를 구하여라.
>
> 이 말을 넣었다.

문제를 한층 더 쉽게 이미지화하기 위해서는, '**블록 시스템**'이라는 '비밀' 테크닉을 가르쳐 주마!

오른쪽 그림을 봐라.
**빵 20개 전체를 '10할'**이라고 하자.

이처럼 'O할'을 구하는 문제에서는 **가장 기본이 되는 전체 수를 '10할'로 여긴다.**

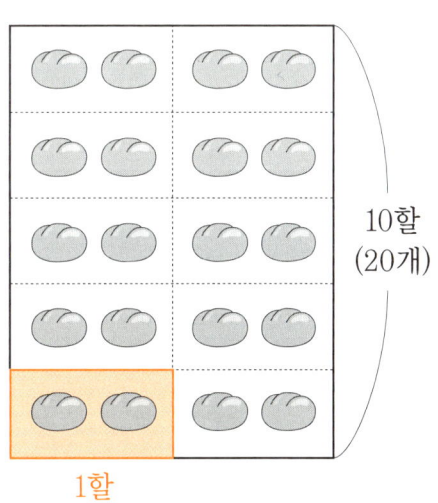

다시 한 번, 이 **20개(10할)의 빵을 같은 개수씩 10개 블록에 나누어 보자.**
그러면 **한 블록**에 있는 빵의 개수는 **1할**이 되지.
그러므로

$$20\text{(개)} \overset{\boxed{10\text{할}}}{\div} 10$$
$$= \underset{\boxed{10\text{할}}}{20\text{(개)}} \times \frac{1}{10} = \underset{\boxed{1\text{할}}}{2\text{(개)}} \quad \cdots\cdots \quad \textbf{(답)}$$

이렇게 **1할**의 수를 구하면 된단다.

 여, 역시!

 하지만 문제를 내는 사람은, 이렇게 중요한 말을 왜 문제에 쓰지 않고 생략한 걸까요?

 아마도 그렇게 하면 문제가 너무 쉬워져 누구든 풀 수 있게 되니까 그런 거 아닐까? 하하하!

---

**예제**
빵이 20개 있는데 그중 3할이 초콜릿 빵이다. 초콜릿 빵의 개수를 구하여라.

---

 아까 그 '말'을 넣어서 문제를 쉽게 고쳐 볼까?

---

**수정 예제**
빵이 20개 있는데 이것을 10할이라고 한다.
그중 3할이 초콜릿 빵이다.
초콜릿 빵의 개수를 구하여라.

아까와 마찬가지로, 빵 20개 전체를 '10할'로 보는 거야.

그리고 10등분하면 '1할'의 개수를 알 수 있지.

'3할'은 '1할'의 3배 니까······

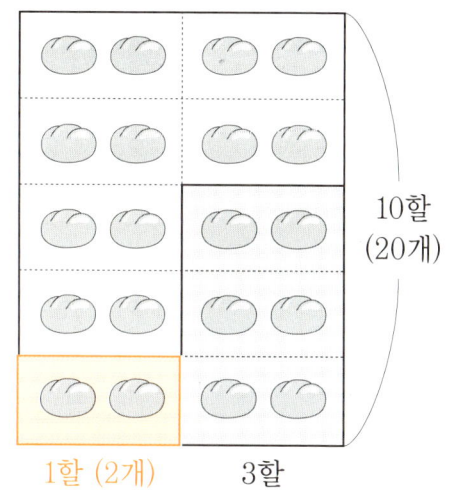

'3할'은 1블록(1할)의 3배야!

$$\underset{10할}{20}(개) \times \frac{1}{10} = \underset{1할}{2}(개)$$ ← 먼저 1할을 구하고······

$$\underset{1할}{2}(개) \times 3 = \underset{3할}{6}(개)$$ ← 1할을 3배하면 3할

다시 말하면, **먼저 1할을 구한다. 그리고 1할을 ○배하면, ○할이 된다.** 이 개념을 정리하면 다음 식으로 나타낼 수 있지.

$$○할 = \underset{1할}{기준이\ 되는\ 수(10할) \times \frac{1}{10}} \times ○$$

$$= 기준이\ 되는\ 수(10할) \times \frac{○}{10} \quad \cdots\cdots (★)$$

이 (★)가 유명한 '○할'을 구하는 공식이란다.

포인트 49

## ○할을 구하는 공식

○할 = 기준이 되는 수 (10할) × $\frac{○}{10}$

---

**예제**
'700원에서 3할 인하'한 금액을 구하여라.

 '○할 인하'라는 말은 자주 들었는데, 무슨 뜻이에요?

 먼저 이 문제도 생략된 말을 보충해 보자.

**수정 예제**
700원을 10할로 본다. 이때 '3할 인하'한 금액을 구하여라.

'○할 인하'는 **10할에서
○할을 뺀 비율**을 뜻하지.

따라서 이 문제는,
**10(할) −3(할) = 7(할)**
다시 말해, **7할**의 금액을
구하면 되는 거야.

$700\text{(원)} \times \frac{7}{10} = 490\text{(원)}$ …… **(답)**

### 예제
'700원을 3할 인상'한 금액을 구하여라.

 이 문제도 생략된 말을 보충해 넣으면……

### 수정 예제
'700원을 10할로 본다.
이때 '3할 인상'한 금액을 구하여라.

'○할 인상'은 **10할에 ○할을 더한 비율**을 뜻하지.

따라서 이 문제는,

10(할) + 3(할) = 13(할)

다시 말해, 13할의 금액을 구하면 되는 거야.

$$700(원) \times \frac{13}{10}$$

$$= 910(원) \quad \cdots\cdots \text{(답)}$$

| 70원 | 70원 |
|---|---|
| 70원 | 70원 |
| 70원 | 70원 |
| 70원 | 70원 |
| 70원 (1할) | 70원 |
| 70원 | 70원 |
| 70원 | |

700원 (10할)

3블록 더하면?

---

**포인트 50**

## ○할 인하·○할 인상

○할 인하: 10할 − ○할을 구하면 된다.
○할 인상: 10할 + ○할을 구하면 된다.

자, 드디어 문자식 문제를 풀어 보자.

**예제**
정가가 $x$원인 수박을 3할 싸게 샀다. 이때 수박 값을 문자식으로 나타내라.

이 문제도 생략된 말을 보충하자.

**수정 예제**
수박의 정가 $x$원을 10할로 본다.
이 수박을 3할 싸게 샀다.
이때 수박 값을 문자식으로 나타내라.

'3할 싸게'니까……

10(할) − 3(할) = 7(할)

다시 말해,
$x$원을 10할로 생각하고,
그 7할 금액을 구하면 되지.

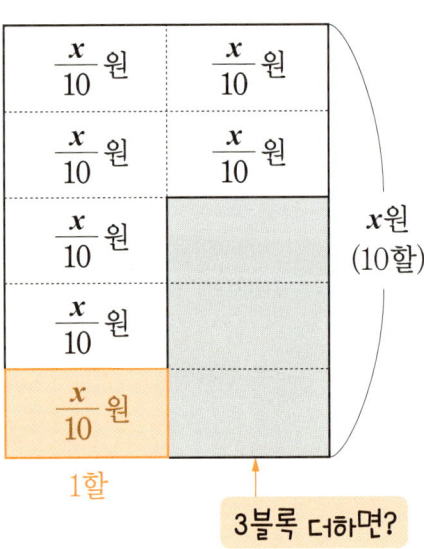

$$x(원) \times \frac{7}{10}$$

$$= \frac{7}{10} x(원) \quad \cdots\cdots \text{(답)}$$

# 04 'O%'의 표시 방법
## (고난도 문제)

 이번에는, 마찬가지로 자주 사용하는 'O%' 표시 방법을 공부할 거야. 이것도 단지 풀이 방법만 덮어놓고 암기하는 사람이 많은데, 근본 방법을 이미지화해 보자.

> **예제**
> 케이크가 200개 있는데, 그중 1%가 치즈 케이크이다. 치즈 케이크의 개수를 구하여라.

 에, '**1%**'는 '0.01'이니까

200(개) × 0.01 = 2(개)

이렇게 암기식으로 풀면 선생님께 한마디 들을 것 같은데……
(웃음).

 뭐, 특별히 틀린 것도 아닌데. (웃음).

사실은, 'O%'를 구하는 문제에서도 대개 '어떤 말'이 생략되어 있지. 그 말을 보충해 넣어 보자.

> **수정 예제**
> 케이크가 200개 있는데, 그것을 100%라고 생각하자. ←
> 그중 1%가 치즈 케이크이다.
> 치즈 케이크의 개수를 구하여라.
>
> 이 말을 넣어 보자.

 이해되니?

사실은 이렇게 'O%'를 구하는 문제도 '비밀' 테크닉, **'블록 시스템'**을 사용하면 훨씬 알기 쉽단다.

다만, 'O할'을 구할 경우와 미묘하게 다르지.

오른쪽 그림을 보렴. **케이크 200개 전체가 '100%'**란다.

이렇게 'O%'를 구하는 문제에서는, **기본이 되는 수를 '100%'**로 보는 거지.

100% (200개)

1%

이 200개(100%)의 케이크를 같은 개수씩 100개 블록에 나눠 넣자.

222

세로가 10블록, 가로도 10블록이니까…… 10 × 10 = 100블록이 네요.

 그럼, 그럼. 100블록이 **100%**니까……

 알았다! 블록 한 개가 **1%**를 나타내는 거죠.

 그렇지!
아까의 그림에서 **1%**라고 하는 것은 **블록 한 개**에 들어 있는 **케이크 개수**를 가리키는 거야. 따라서

$$\underset{100\%}{200(\text{개})} \div 100$$
$$= \underset{100\%}{200(\text{개})} \times \frac{1}{100} = \underset{1\%}{2(\text{개})} \cdots\cdots (\text{답})$$

이와 같은 식에서 **1%**의 개수를 구할 수 있는 거란다.

---

**예제**
케이크가 200개 있는데, 그중 5%가 치즈 케이크이다. 치즈 케이크의 개수를 구하여라.

---

이번에도 '생략된 말'을 넣어 보자. 이렇게 될 거야.

> **수정 예제**
> 케이크가 200개 있는데, 그것을 100%라고 생각하자.
> 그중 5%가 치즈 케이크이다.
> 치즈 케이크의 개수를 구하여라.

 아까와 마찬가지로, 케이크 200개 전체를 '100%'라고 보면 돼. 이것을 100등분하면 '1%'의 개수를 알 수 있지.
'5%'는 1%의 5배니까, 이를 구하는 식은……

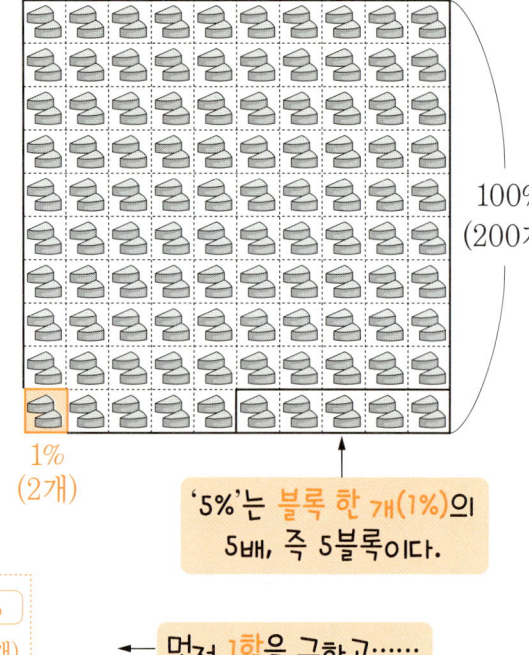

'5%'는 블록 한 개(1%)의 5배, 즉 5블록이다.

$$\underset{100\%}{200}_{(개)} \times \frac{1}{100} = \underset{1\%}{2}_{(개)}$$

← 먼저 1할을 구하고……

$$\underset{1\%}{2}_{(개)} \times 5 = \underset{5\%}{10}_{(개)}$$

← 1할을 3배하면 3할

다시 말하면, **먼저 1%를 구하는 거야.**
그리고 나서 **1%를 ○배하면 ○%를 구할 수 있지.**

이 개념을 식으로 정리해 보면……

○% = 기본이 되는 수(100%) × $\frac{1}{100}$ × ○    (1%)

= 기본이 되는 수(100%) × $\frac{○}{100}$ …… (★)

 이 (★)가 '○%'를 구하는 공식이란다.
공식의 의미를 잘 알겠지?

**포인트 51**

### ○%를 구하는 공식

○% = 기본이 되는 수(100%) × $\frac{○}{100}$

---

**예제**
5%의 식염수가 500g 있다. 이 식염수에 함유된 소금의 중량을 구하여라.

---

 앗, 식염수 문제라!
산수에서도 배웠지만 잘 모르겠던데요.

 '5%의 식염수'라니 대체…….

좀 어려우려나! 사실 이 문제는 이렇게 바꿔 쓸 수 있단다.

> **수정 예제**
> 500g의 식염수가 있는데, 이것을 100%라고 보자. 그중 5%가 소금이다. 이 식염수에 함유된 소금의 중량을 구하여라.

먼저 문제에 'O%의 식염수'라고 나와 있으면, **식염수 전체의 중량을 100%라고 생각하자.**

그런데 진짜 식염수에서는 소금이 물에 완전히 녹아서 어느 정도 함유되어 있는지 이미지로 떠올리기 어렵겠지?

하지만 수학에서 식염수에 관한 문제를 풀 때는 **소금이 물에 녹지 않고 바닥에 가라앉아 있다고** 이미지화하면 이해하기가 무척 쉬워진단다.

오른쪽 그림을 보려무나.

500g의 식염수 전체가 100%라고 되어 있지.

같은 중량이 되도록 전체를 100개의 블록에 나누어 넣으면, 블록 한 개가 1%를 나타낸단다.

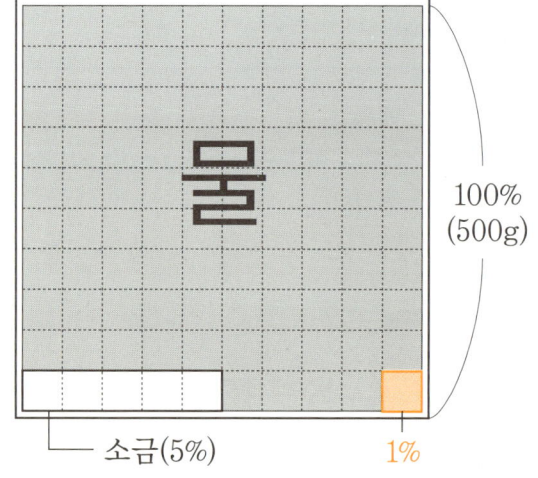

이것이 '5% 식염수'의 이미지다. 100블록 중 5블록이 소금이며 95블록은 물이다.

사실은, '○%의 식염수'는

100블록 중 ○블록을 소금이 차지하고 있다!고 생각할 수 있지. 그 나머지 블록이 물이란다.

그럼, 이 문제의 경우

5%의 식염수 → 5블록을 소금이 차지하고 있다!고 생각하면 되는 거예요?

맞아, 그렇단다. 따라서 소금의 중량은······

$$500_{(g)} \times \frac{5}{100} = 25_{(g)}  \quad \leftarrow \text{포인트 51}$$

(답)  $25_{(g)}$

---

**포인트 52**

### ○% 식염수의 이미지

○% 식염수 → 식염수 전체의 중량을 100%로 둔다.
　　　　　→ 그중 ○%를 소금이 차지하고 있다.

**예제**

5% 식염수가 $x$g 있다.
이 식염수에 함유된 소금의 중량을 문자식으로 나타내라.
(약분은 하지 않아도 좋다)

 자, 생략된 말을 넣어 보자.

**수정 예제**

식염수가 $x$g 있는데, 이것을 100%로 한다. 그중 5%가 소금이다.
이 식염수에 함유된 소금의 중량을 문자식으로 나타내라.
(약분은 하지 않아도 좋다)

문자를 사용하는 문제지만 개념은 숫자를 사용한 경우와 완전히 똑같단다.
문제 내용을 이미지화하면 오른쪽 그림처럼 되지.
따라서 답은……

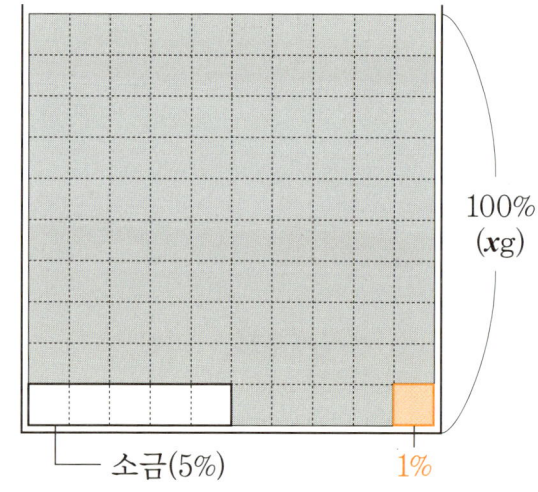

$$x\text{(g)} \times \frac{5}{100} = \frac{5x}{100} \text{(g)} \quad \leftarrow \text{포인트 51}$$

(답) $\dfrac{5x}{100}$ g

### 예제 (☞ 265쪽 실전 문제 10)

4% 식염수가 500+$x$g 있다.
이 식염수에 함유된 소금의 중량을 문자식으로 나타내라.

 이 문제도 먼저 말을 보충해 보자.

### 수정 예제

식염수가 500+$x$g 있는데, 이것을 100%라고 본다. 그중 4%가 소금 이다.
이 식염수에 함유된 소금의 중량을 문자식으로 나타내라.

이 문제도 개념은 거의 같아.
500+$x$g의 식염수 전체를 100블록으로 나누면 그중 4블록을 소금이 차지하고 있지.
다음으로는 포인트 51을 사용하면 돼.

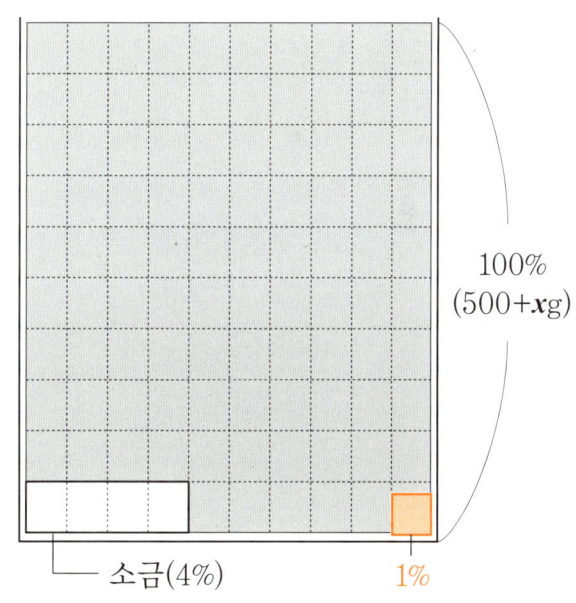

$$(500+x)_{(g)} \times \frac{4}{100} = \frac{4(500+x)}{100}_{(g)} \quad \cdots\cdots \text{(답)}$$

**예제** (☞ 268쪽 실전 문제 11)

10% 식염수가 500−$x$g 있다.
이 식염수에 함유된 소금의 중량을 문자식으로 나타내라.

 이 문제도 생략된 말을 넣어서 풀면 좋겠지?

**수정 예제**

식염수가 500−$x$g 있는데, 이것을 100%라고 본다.
그중 10%가 소금이다.
이 식염수에 함유된 소금의 중량을 문자식으로 나타내라.

 이 문제도 500−$x$g 의 식염수 전체를 100블록으로 나누고, 그중 10블록을 소금이 차지하는 이미지로 떠올리면 되는 거지요?

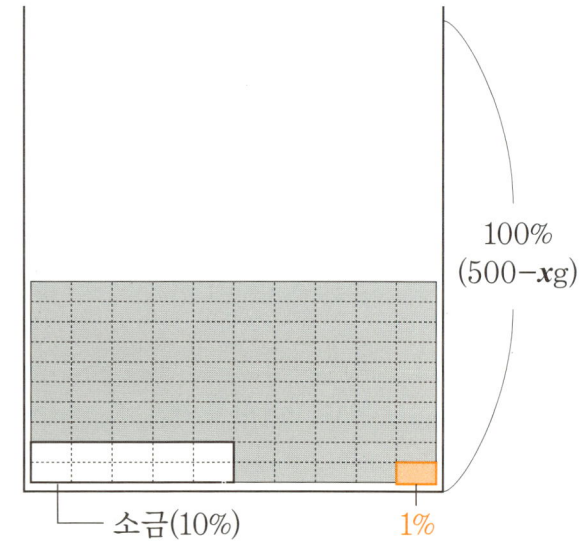

그렇지. 그러고는 포인트 51을 사용하여 풀기만 하면 돼!

$$(500-x)_{(g)} \times \frac{10}{100} = \frac{10(500-x)}{100}_{(g)} \cdots\cdots \text{(답)}$$

**1** 방정식 세우기의 기본

**2** 도전! 실전 문제

다섯 번째 이야기

# 방정식의 문장제 문제

완전 공략이 머지않았어!
내 손에 '방정식' 챔피언 벨트를 거머쥐는 거야!

# 01 방정식 세우기의 기본

🙂 자, 이제 기다리고 기다리던 환상적인 **'방정식의 문장제 문제'** 해법 시스템을 알려 주마! 이 책에서 가장 중요한 부분이니까 마음 단단히 먹고 출발해 보자.

😐 읔, 어쩐지 엄청 어려울 것 같아요.

🙂 네 번째 이야기까지 착실하게 공부한 사람이라면 '방정식의 문장제 문제'를 푸는 데 필요한 요소는 거의 갖춘 셈이야. 이제 그걸 제대로 활용하기만 하면 돼. 요령만 익히면 의외로 쉽게 풀 수 있지. 여기에서 가장 중요한 포인트는 한마디로 **'문장을 읽고 분석하는 방법'**이야.
수학을 싫어하는 사람일수록 문제의 뜻을 제대로 파악하지 못하는 경우가 많지. 그럼 실제로 문제를 풀면서 설명해 주마. 자, 출발!

**기본 예제 1**

'어떤 수'를 5배하여 4를 뺀 수는 '어떤 수'를 3배하여 4를 더한 수와 같다.

(1) '어떤 수'가 $x$일 때 방정식을 세워라.
(2) 그 방정식을 풀고 '어떤 수'를 구하여라.

 (1)부터 생각해 볼까. **'방정식을 세워라'**라는 말은 곧 **'방정식을 만들어라'**라는 뜻이란다.

 음, 어디서부터 손을 대야 할지 모르겠어요.

 먼저 문제에서 '어떤 수'를 $x$로 바꿔 보자. 중요한 부분에 밑줄을 칠 테니 잘 봐.

<u>$x$를 5배하여 4를 뺀 수</u>는 $x$를 3배하여 4를 더한 수와 **같다**.

실선과 점선을 그은 부분은 각기 문자식으로 나타낼 수 있지. 한 번 해 봐.

 그쯤이야 누워서 떡 먹기예요.

$x$를 5배하여 4를 뺀 수 → $5x - 4$
$x$를 3배하여 4를 더한 수 → $3x + 4$

☞ 73쪽 연습 문제 (2), (4)

좋아, 잘했어! 그렇다면 이 문제는 다음과 같은 의미가 되지.

$$5x - 4 \text{와 } 3x + 4 \text{가 같다}$$

'**같다**'**는 말은 두 문자식을 '**=**' 부호로 연결해도 된다는** 뜻이니까 한 번 바꿔 보자.

$$5x - 4 = 3x + 4$$

이걸로 방정식은 완성됐어.

이제 이어서 (2)번을 보자.
(2)번은 앞에서 세운 방정식을 풀기만 하면 되는 단순한 계산 문제란다.

 제가 풀어 볼게요.

$5x - 4 = 3x + 4$ ☞ 141쪽 예제 3
$5x - 3x = 4 + 4$
$2x = 8$
$x = 4$　　　(답) 4

 뭐야? 방정식의 문장제 문제도 별거 아니네!

 하지만 문제가 이렇게 친절하게 나올 가능성은 거의 없단다. 보통 다음과 같은 식으로 출제되지.

> '어떤 수'를 5배하여 4를 뺀 수는 '어떤 수'를 3배하여 4를 더한 수와 같다. '어떤 수'를 구하여라.

 앗, 이러면 방정식 문제라는 걸 알기 어렵잖아요.

 힌트가 너무 적어요!

 걱정 마라. 이게 '방정식 문제'라는 걸 나타내는 힌트가 반드시 문장에 숨어 있으니까.

세 번째 이야기에서 설명했듯이 **'방정식'**이란,

| 좌 변 = 우 변 |
|---|

좌변과 우변이 같다!

이러한 꼴을 취하는 **'등식'**의 일종이야. 즉, **'무엇과 무엇이 같다'**는 것을 나타내는 식이지.

따라서 **'방정식의 문장제 문제'**라면 '○○와 △△가 **같다**'는 정보가 문제 안에 반드시 들어 있단다. 그렇지 않으면 방정식을 세울 수 없겠지?

아, 알겠어요.
이 문제도 문장 안에서
'같다'라는 말이
힌트라는 뜻이죠?

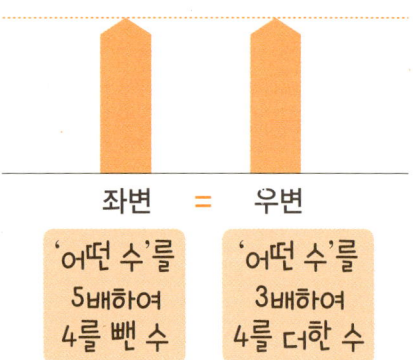

 그래, 제대로 이해했구나. 그럼 이제 '방정식의 문장제 문제'를 풀 때 중요한 포인트를 두 가지 들어 보마.

• **최종적으로 무엇을 구하면 되는가?**

이것은 기본적으로 문제 안에 '~를 구하여라'라고 쓰여 있기 때문에 간단하지. **보통 이것을 '$x$'로 두고 방정식을 세우면 끝!**

• **무엇과 무엇이 같은지 파악할 수 있는가?**  슈퍼 울트라 중요한 포인트!

하지만 안타깝게도 아까 예제처럼 문제에 확실히 쓰여 있는 경우는 거의 없단다. 따라서 **스스로 문제를 꼼꼼히 분석하고 파악**해야지.

**포인트 53**

## 방정식 문장제 문제의 해법 시스템

① 문제를 분석한다.
　　· 최종적으로 무엇을 구하면 좋을까?
　　· 무엇과 무엇이 같은지 파악할 수 있는가? ← 엄청 중요!
② 방정식을 세운다.
③ 방정식을 풀고 답을 적는다.

---

**기본 예제 2**
'어떤 수'의 3배는 '어떤 수'보다 6이 크다. '어떤 수'를 구하여라.

 자, 포인트 53을 따라서 생각해 볼까?

### ① 문제를 분석한다

먼저, 문제에서 중요한 부분에 밑줄을 긋자.

<u>'어떤 수'의 3배</u>는 <u>'어떤 수'보다 6이 크다</u>.
<u>'어떤 수'</u>를 구하여라.

· 무엇을 구하는가?

문제에 쓰여 있듯이 '어떤 수'를 구하면 되는 거란다. 따라서 '어떤 수'를 $x$로 바꿔 보자.

• 무엇과 무엇이 같은가?

 후훗. 이것도 누워서 떡 먹기죠!

'어떤 수'의 3배 → $3x$

 그래, 맞았어.

 그리고 또 '$x$'보다 6이 크다고 했으니까.
$3x+6=x$
아, 난 천재인가 봐.

 어이쿠! 완전히 틀렸는걸.

$3x$('어떤 수'의 3배)와 $x$('어떤 수')

이 둘을 비교해 보면 **$3x$쪽이 6이 크니까** 오른쪽 그림과 같은 이미지가 될 거야. 보다시피 **두 그래프의 높이가 다르지.**

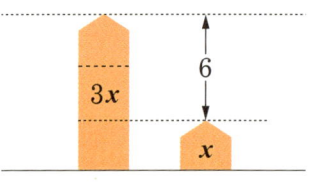

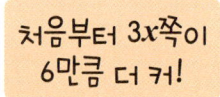 

 역시 그렇군.

 자, 세 번째 이야기에서 공부한 슈퍼 울트라 중요 포인트를 생각해 보렴. '**방정식은 등식의 일종**'이라고 했지?

다시 말해, 방정식의 좌변과 우변은 **반드시 똑같아야 한다**는 말씀!

그럼 이 문제는 어떻게 하면 될까?

 '$3x$'쪽이 아니라 '$x$'쪽에 6을 **더하면** 되지 않을까요?

 그렇지! 그렇게 하면 오른쪽 위의 그래프처럼 높이가 **같아지지**. 반면에 '$3x$'쪽에 6을 더하면 오른쪽 아래의 그래프처럼 높이가 달라지고 말아.

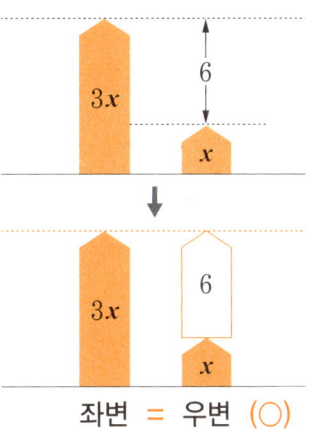

 정말 높이가 전혀 다르네요.

 그렇지? **좌변**과 **우변**이 다르니까 '**=**'로 연결할 수도 없구나. 이처럼 문제를 대충 읽고 무작정 방정식을 세우면 근본적인 실수를 할 때가 있단다.

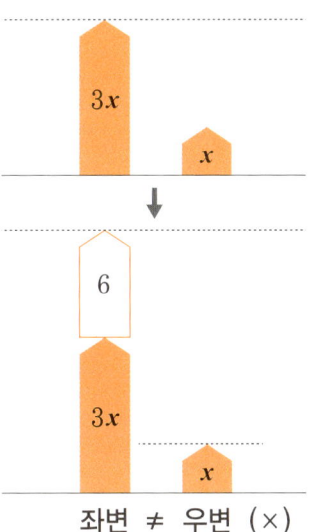

 그렇군요. 역시 문제를 읽고 '**무엇과 무엇이 같은지**'를 정확하게 파악해서 방정식으로 나타내는 게 가장 중요하네요.

② 방정식을 세운다

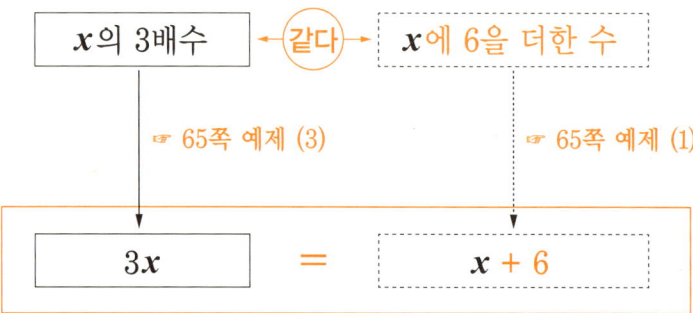

③ 방정식을 푼다

$3x = x + 6$ ☞ 143쪽 연습 문제 (3)
$3x - x = 6$
$2x = 6$
$x = 3$   (답) 3

 아주 잘했어. 이것으로 '방정식의 문장제 문제'를 푸는 데 필요한 개념은 모두 가르쳐 준 거야. 이어서 중학교 중간고사와 기말고사, 그리고 고등학교 입시에 빠지지 않고 나오는 문제를 유형별로 11개 골라서 실었단다. 먼저 **반드시 스스로 풀어 보고 나서 해설을 참고하도록!**
그럼 어서 가 볼까?

# 02 도전! 실전 문제

**실전 문제 1** (☞ 246쪽)
제과점에서 500원으로 초콜릿을 4개 샀다. 그랬더니 잔돈이 140원 남았다. 초콜릿 1개의 가격을 구하여라.

**실전 문제 2** (☞ 248쪽)
바로는 300원으로 초콜릿을 1개 사고, 빛나는 720원으로 초콜릿을 5개 샀다. 그랬더니 두 사람의 남은 돈이 같아졌다. 초콜릿 1개의 가격을 구하여라.

**실전 문제 3** (☞ 250쪽)
미르는 800원으로 쿠키를 4개 샀고, 완두는 500원으로 쿠키를 3개 샀다. 그랬더니 미르에게 남은 돈이 완두에게 남은 돈의 2배가 되었다. 쿠키 1개의 가격을 구하여라.

**실전 문제 4** (☞ 252쪽)
수달 선생님은 770원, 바로는 150원을 가지고 있었다. 선생님은 약간의 돈을 잃어버렸고 바로가 그 돈을 주웠다. 그랬더니 선생님이 가지고 있는 돈은 바로가 가지고 있는 돈의 3배가 되었다. 선생님이 잃어버린 돈은 얼마인지 구하여라.

**실전 문제 5** (☞ 254쪽)
한 자루에 60원 하는 펜과 한 자루에 50원 하는 펜을 합해서 10자루 샀더니, 내야 할 돈이 540원이 되었다. 60원짜리 펜과 50원짜리 펜을 각각 몇 자루 샀는지 구하여라.

**실전 문제 6** (☞ 257쪽)
상자 속에 든 사과를, 몇 명의 아이에게 나누어 주려고 한다. 한 사람에게 5개씩 나눠 주면 3개가 남고, 6개씩 나눠 주면 4개가 모자란다. 아이들 인원 수와 상자 속에 든 사과의 개수를 각각 구하여라.

**실전 문제 7** (☞ 260쪽)
역에서 호수까지 시속 4km로 걸어갔다가 시속 6km로 걸어왔더니 왕복 5시간이 걸렸다. 역에서 호수까지의 거리를 구하여라.

**실전 문제 8** (☞ 262쪽)
미르가 45km 거리를 시속 5km로 걸어가고 있다. 수달 선생님은 자전거를 타고 시속 20km로 쫓아갔다. 선생님이 미르를 따라잡는 것은 몇 시간 후가 될지 구하여라.

**실전 문제 9** (☞ 264쪽)
참외를 정가에서 3할을 할인하는 가격으로 샀더니, 490원이었다. 참외의 정가를 구하여라.

**실전 문제 10** (☞ 265쪽) 〈고난도〉
5% 식염수가 500g 있다. 여기에 물을 타서 4% 식염수로 엷게 만들려고 한다. 물을 몇 g 넣으면 되는지를 구하여라.

**실전 문제 11** (☞ 268쪽) 〈고난도〉
5% 식염수가 500g 있다. 여기서 물을 증발시켜 10% 식염수로 만들려고 한다. 물을 몇 g 증발시키면 되는지 구하여라.

**실전 문제 1**
제과점에서 500원으로 초콜릿을 4개 샀다. 그랬더니 잔돈이 140원 남았다. 초콜릿 1개의 가격을 구하여라.

### ① 문제를 분석한다

 그러면, **무엇을 구하는가? 무엇과 무엇이 같은가?** 하는 두 포인트에 초점을 맞춰 문제의 문장에 밑줄을 그으면 위와 같이 되지.

• **무엇을 구하면 되는가?**
 문제에 쓰여 있듯이 '**초콜릿 1개의 가격**'을 구하는 거잖아요. 이것을 $x$원으로 두면 되겠죠?

• **무엇과 무엇이 같은가?**

• 500원으로 $x$원짜리 초콜릿을 4개 사고 남은 돈
• 140원

이 두 가지가 **같다**는 사실을 알 수 있네요.

 옳지, 좋았어!
그다음에는 **각각 문자식으로 나타내고 '='로 연결**하면 방정식이 완성되는 거야.

❷ 방정식을 세운다

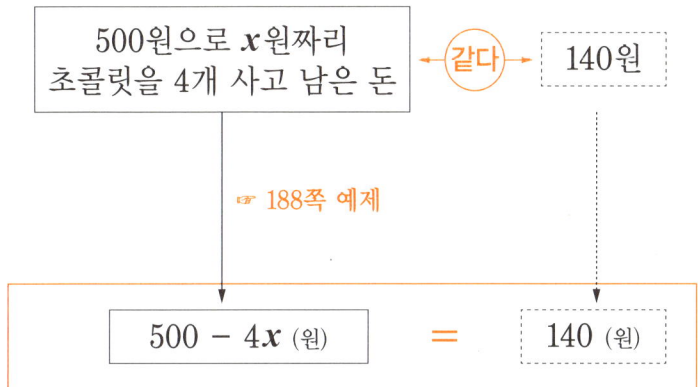

❸ 방정식을 푼다

$500 - 4x = 140$  ← '표준형'
$\quad\ -4x = 140 - 500$  ← 이항
$\quad\ -4x = -360$  ← '기본 방정식'
$\quad\quad\ x = 90$  ← 양변을 -4로 나눈다.

(답) 90원  ← 초콜릿의 가격

> **실전 문제 2**
> 바로는 300원으로 초콜릿을 1개 사고, 빛나는 720원으로 초콜릿을 5개 샀다. 그랬더니 두 사람의 남은 돈이 <u>같아</u>졌다.
> <u>초콜릿 1개의 가격</u>을 구하여라.

### ① 문제를 분석한다

이전 문제에서처럼, **무엇을 구하는가? 무엇과 무엇이 같은가?**
두 가지를 생각하고 문제의 문장에 밑줄을 그으면 위와 같이 된단다.

• 무엇을 구하면 되는가?

이번에는 정말로 식은 죽 먹기다!
'초콜릿 1개의 가격'을 구하는 거니까 이것을 $x$로 두면 되겠죠?

• 무엇과 무엇이 같은가?

• 300원으로 $x$원 하는 초콜릿을 1개 사고 남은 돈
• 720원으로 $x$원 하는 초콜릿을 5개 사고 남은 돈
이 두 가지가 <u>같아</u>졌기 때문에 문장에 밑줄을 그었어요.

응, 아주 잘했구나.
자, 그럼 또 방정식으로 나타내 보자.

② 방정식을 세운다

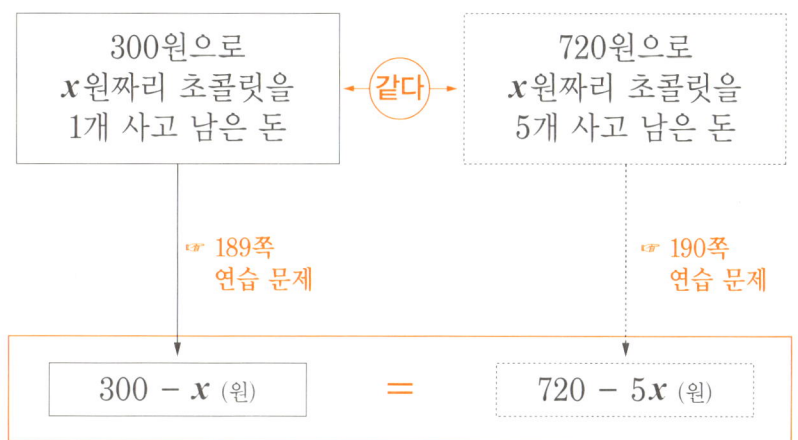

③ 방정식을 푼다

$300 - x = 720 - 5x$ ← '표준형'
$-x + 5x = 720 - 300$ ← 이항
$4x = 420$ ← '기본 방정식'
$x = 105$ ← 양변을 4로 나눈다.

(답) 105원 ← 초콜릿의 가격

**실전 문제 3**

미르는 800원으로 쿠키를 4개 샀고, 완두는 500원으로 쿠키를 3개 샀다. 그랬더니 미르에게 남은 돈이 완두에게 남은 돈의 2배가 되었다. 쿠키 1개의 가격을 구하여라.

① 문제를 분석한다

• 무엇을 구하면 되는가?

 이것은 문제에도 나와 있듯이, '쿠키의 가격'을 구하는 거니까 이것을 $x$원으로 하면 될 거야.

• 무엇과 무엇이 같은가?

 이것은 특히 주의해야 해!
먼저, 문제의 내용을 그래프로 나타내면 오른쪽과 같단다. 그래프의 높이를 같게 하려면?

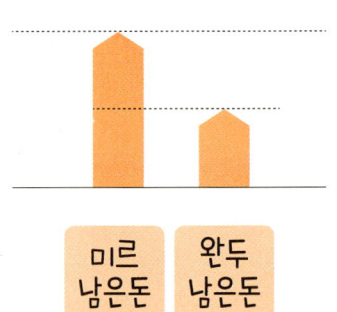

 완두에게 남은 돈을 2배로 하면 된다고 생각해요.

 바로 그거야!
무슨 일이 있어도 미르의 돈을 2배로 하지 않도록 조심, 또 조심!

그런 실수를 하면 그래프의 높이가 같아지지를 않지.

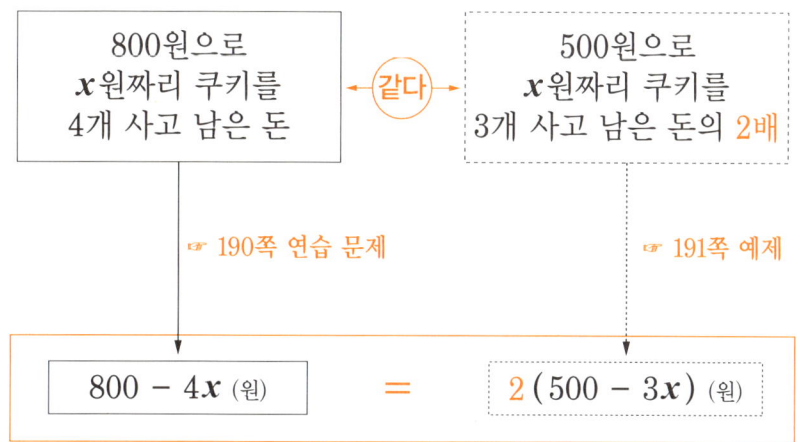

② 방정식을 세운다

$800 - 4x = 2(500 - 3x)$    ← '괄호형'
$800 - 4x = 1000 - 6x$    ← '표준형'
$-4x + 6x = 1000 - 800$    ← 이항
$2x = 200$    ← '기본 방정식'
$x = 100$    ← 양변을 2로 나눈다.

(답) 100원    ← 쿠키의 가격

③ 방정식을 푼다

**실전 문제 4**
수달 선생님은 770원, 바로는 150원을 가지고 있었다. 선생님은 약간의 돈을 잃어버렸고 바로가 그 돈을 주웠다. 그랬더니 선생님이 가지고 있는 돈은 바로가 가지고 있는 돈의 3배가 되었다. 선생님이 잃어버린 돈은 얼마인지 구하여라.

① 문제를 분석한다

• 무엇을 구하는가?

 선생님이 잃어버린 돈의 액수를 구하는 문제니까 이것을 $x$로 두면 될 거야.

 이 $x$원을 내가 주웠대, 히히!

• 무엇과 무엇이 같은가?

 문제의 내용을 그래프로 나타내면 이처럼 되지. 그래프의 높이를 같게 하려면 어떻게 하면 좋을까?

 바로가 가지고 있는 돈을 3배하면 되지요.

 응, 그렇지. 선생님이 가지고 있는 돈을 3배로 하면 절대 안 돼!

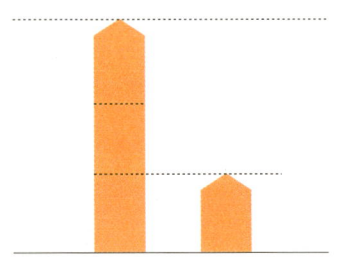

돈을 잃어버린 후 선생님이 가지고 있는 돈 | 돈을 주운 후 바로가 가지고 있는 돈

② **방정식을 세운다**

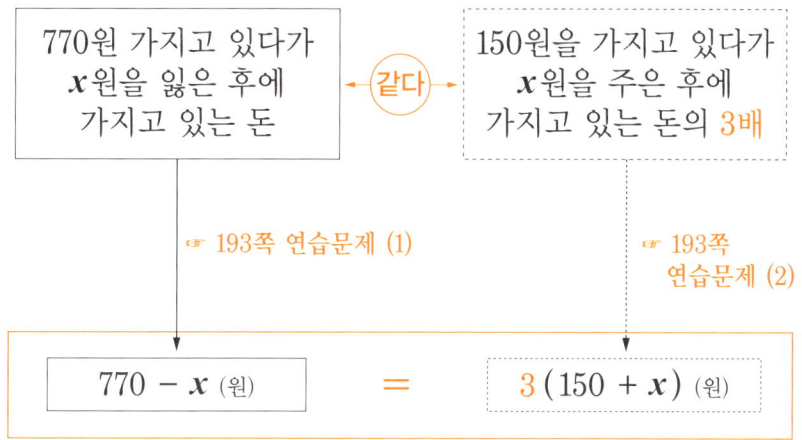

③ **방정식을 푼다**

$$770 - x = 3(150 + x) \quad \leftarrow \text{'괄호형'}$$
$$770 - x = 450 + 3x \quad \leftarrow \text{'표준형'}$$
$$-x - 3x = 450 - 770 \quad \leftarrow \text{이항}$$
$$-4x = -320 \quad \leftarrow \text{'기본 방정식'}$$
$$x = 80 \quad \leftarrow \text{양변을 } -4\text{로 나눈다.}$$

(답) 80원 ← 선생님이 잃어버린 돈 (바로가 주은 돈)

 근데 이 문제, 누가 만든 거야! (웃음)

 후후…… (웃음)

> **실전 문제 5**
> 한 자루에 60원 하는 펜과 한 자루에 50원 하는 펜을 합해서 10자루 샀더니, 내야 할 돈이 540원이 되었다. 60원짜리 펜과 50원짜리 펜을 각각 몇 자루 샀는지 구하여라.

① 문제를 분석한다

• 무엇을 구하는가?

뭐, 뭐지? 구하려는 값이, '60원짜리 펜의 개수'와 '50원짜리 펜의 개수' 두 가지나 되다니······.

그러게. 어느 쪽을 'x'로 놓으면 되지?

중학교 2학년 이상이 이 문제를 풀 경우, '연립 방정식'을 사용하지 않나 싶어. 다만, 지금까지 공부한 보통의 방정식에서도 모두 풀 수 있단다.

**평범한 방정식에서 구하는 값이 두 개일 때는, 먼저 어느 한쪽을 'x'로 두면 돼.**

이 문제의 경우 '60원짜리 펜의 개수'를 $x$자루로 하자. 그러면 '50원짜리 펜의 개수'는 문자식으로 어떻게 나타낼 수 있을까?

양쪽 펜을 **합하여 10자루** 샀다고 했으니까……

'60원짜리 펜의 개수' → $x$자루

↓

'50원짜리 펜의 개수' → 10 − $x$자루 ☞ 194쪽

• 무엇과 무엇이 같은가?

 60원짜리 펜 $x$자루의 값

50원짜리 펜 10 − $x$자루의 값

이 합계 금액과 540원이 같다고 생각하면 되겠네요.

 그렇지. 이제 방정식을 세워 보자.

② 방정식을 세운다

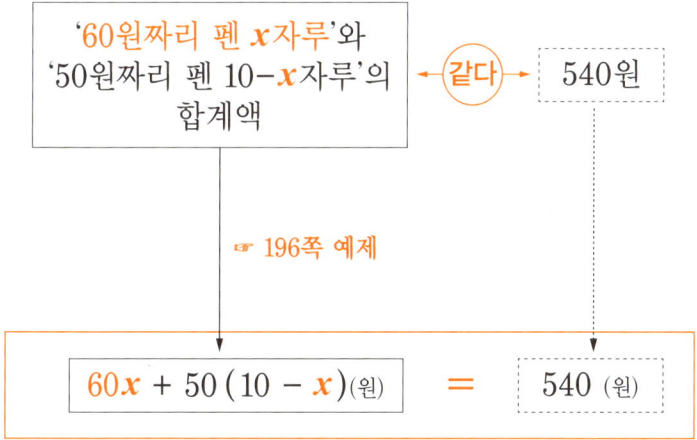

그러면, 먼저 이 방정식을 풀어 '$x$'를 구해 보자.

❸ 방정식을 푼다

$$60x + 50(10 - x) = 540$$ ← '괄호형'
$$60x + 500 - 50x = 540$$ ← '표준형'
$$60x - 50x = 540 - 500$$ ← 이항
$$10x = 40$$ ← '기본 방정식'
$$x = 4$$ ← 양변을 10으로 나눈다.

그러면, **60원짜리 펜의 개수**는 **4**자루라는 걸 알 수 있겠지. 다음으로 50원짜리 펜의 개수를 구해 보자. 이것은 **10−x**(자루)로 나타냈기 때문에, 이 *x*에 아까 구한 **4**를 대입하면 된단다.

$$10 - x$$
↓
$$10 - 4 = 6$$  50원짜리 펜의 개수

(답) 60원짜리 펜의 개수 4자루
　　50원짜리 펜의 개수 6자루

덧붙이면, '50원짜리 펜의 개수'를 *x*로 놓고 식을 세워도 풀 수 있으니까, 흥미 있는 학생은 해 보렴. 물론 답은 같단다.

**실전 문제 6**
상자 속에 든 사과를, 몇 명의 아이에게 나누어 주려고 한다. 한 사람에게 5개씩 나눠 주면 3개가 남고, 6개씩 나눠 주면 4개가 모자란다. 아이들 인원 수와 상자 속에 든 사과의 개수를 각각 구하여라.

① 문제를 분석한다

• 무엇을 구하는가?

 어라? 이 문제도 구하는 값이 두 개네. 그럼 먼저 '아이 인원 수'를 $x$명으로 둘까.

• 무엇과 무엇이 같은가?

 이 문제…… 같은 것이 어디 숨어 있지?

 다음 두 가지를 비교해 보자.

'$x$명에게 5개씩 나눠 주면 3개 남는 사과의 개수'
'$x$명에게 6개씩 나눠 주면 4개 모자라는 사과의 개수'

말하는 방법은 다르지만, 사실은 양쪽 모두 같은 '상자 속에 있는 사과의 개수'를 나타낸단다.

이것을 그래프로 그려 보면 다음과 같지.

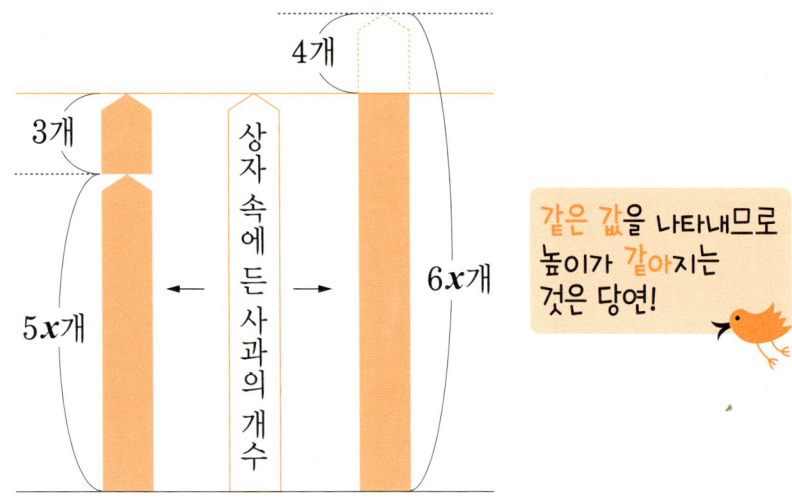

 역시! 이런 거구나…….

 같은 사과의 개수를 두 가지로 표현하는 것뿐이므로 당연히 이 두 가지는 '='로 묶을 수 있단다.

② 방정식을 세운다

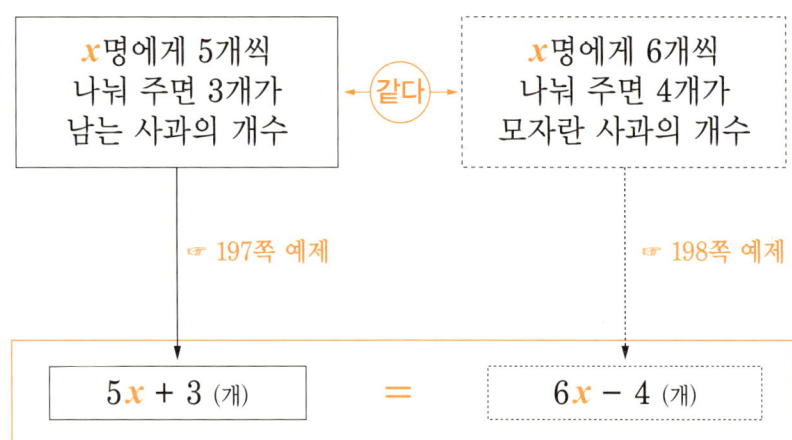

③ 방정식을 푼다

$$5x + 3 = 6x - 4 \quad \text{☞ 144쪽 연습 문제 (2)}$$
$$5x - 6x = -4 - 3$$
$$-x = -7$$
$$x = 7 \quad \boxed{\text{아이 수}}$$

 다음으로 '사과의 개수'를 구해 보자.

문자식으로 이렇게 나타낼 수 있겠지?

$5x + 3$(개) 또는 $6x - 4$(개)

이는 어느 한쪽의 식 '$x$' 자리에 '7'을 대입하면 구할 수 있단다.

여기서는 '$5x + 3$'을 사용해 보자.

$5x + 3 \Rightarrow 5 \times 7 + 3 = 38$(개)

(답) 아이 수 ……7명 / 상자 속에 든 사과 개수 ……38개

물론 '$6x - 4$' 쪽에 대입해도 좋아!
각자 풀어 보자.

> **실전 문제 7**
> 역에서 호수까지 시속 4km로 걸어갔다가 시속 6km로 걸어왔더니 왕복 5시간이 걸렸다. 역에서 호수까지의 거리를 구하여라.

① 문제를 분석한다

• 무엇을 구하는가?

이것은 **역에서 호수까지의 거리**를 구하는 문제이므로, 이것을 $x$ km로 놓으면 되겠어요.

그렇지.
그리고 문제에 '**왕복**'이라는 말을 사용했기 때문에, **갈 때도 $x$ km 이동하고, 돌아올 때도 $x$ km 이동했다**는 걸 알 수 있지.

• 무엇과 무엇이 같은가?

• 갈 때 걸린 시간과 돌아올 때 걸린 시간의 합계
• 5시간

이 두 가지가 같네요.

맞아. 다음은 이것을 방정식으로 잘 나타낼 수 있는지 어떤지 하는 거야.

260

② 방정식을 세운다

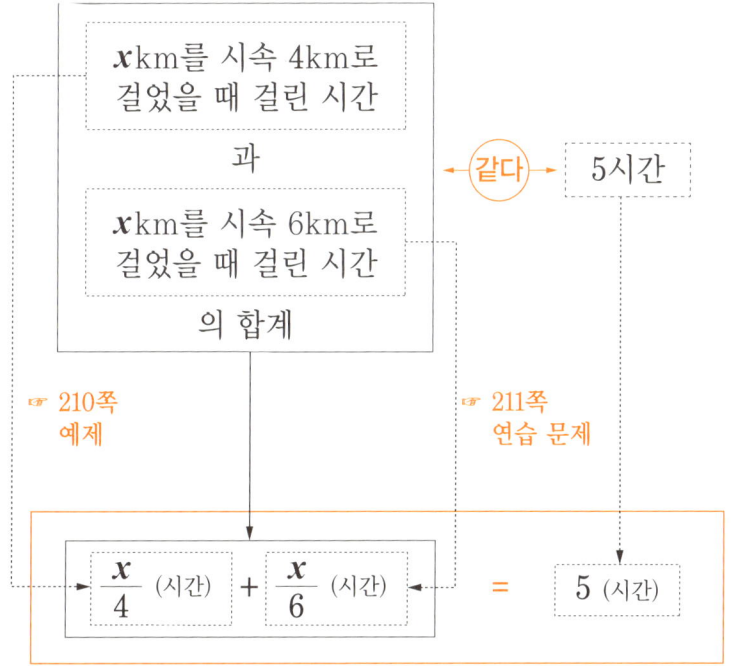

③ 방정식을 푼다

$$\frac{x}{4} + \frac{x}{6} = 5 \quad \text{☞ 167쪽 예제}$$
$$3x + 2x = 60$$
$$5x = 60$$
$$x = 12$$

(답) 12km

**실전 문제 8**

미르가 45km 거리를 시속 5km로 뛰어가고 있다. 수달 선생님은 자전거를 타고 시속 20km로 쫓아갔다.
선생님이 미르를 따라잡는 것은 몇 시간 후가 될지 구하여라.

① 문제를 분석한다

• 무엇을 구하는가?

 선생님이 몇 시간 후에 미르를 따라잡을지를 구하는 문제니까 그것을 $x$시간 후라고 할래요.

 응, 잘했어.
다시 말하면 **두 사람 모두 $x$시간 이동했다**는 뜻이지.

• 무엇과 무엇이 같은가?

 이 문제의 내용을 그래프로 나타내 보자.

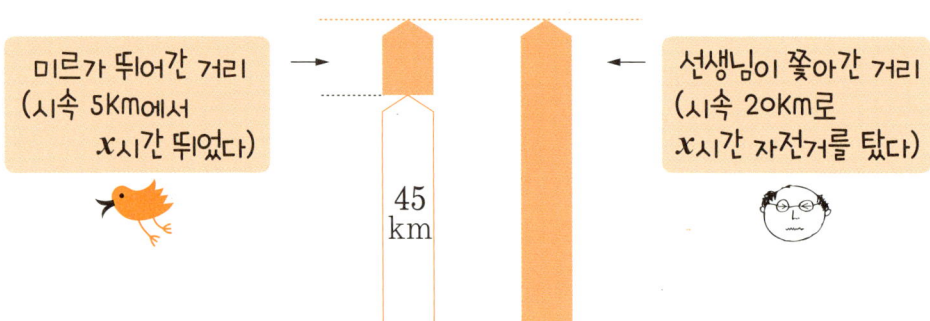

잘 알겠니?

이를 참고하여 방정식을 세워 보자.

② 방정식을 세운다

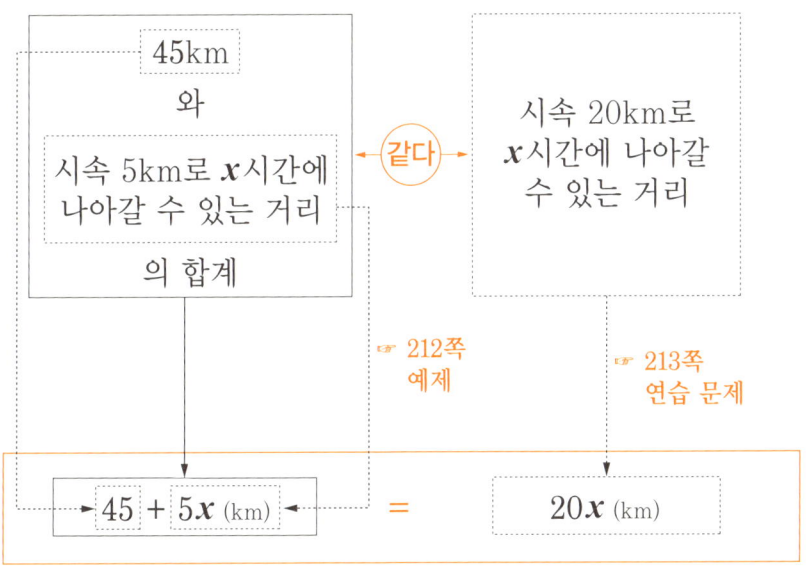

③ 방정식을 푼다

$$45 + 5x = 20x \quad \leftarrow \text{'표준형'}$$
$$5x - 20x = -45 \quad \leftarrow \text{이항}$$
$$-15x = -45 \quad \leftarrow \text{'기본 방정식'}$$
$$x = 3 \quad \leftarrow \text{양변을 } -15 \text{로 나눈다.}$$

(답) 3시간 후

> **실전 문제 9**
> 참외를 정가에서 3할을 할인하는 가격으로 샀더니, 490원이었다.
> 참외의 정가를 구하여라.

### ① 문제를 분석한다

• 무엇을 구하는가?

 참외의 정가를 구하는 거니까, 이것을 $x$원이라고 하면 되겠네.

• 무엇과 무엇이 같은가?

 '3할 할인한 가격'은, '7할의 가격'이니까……
이것과 490원이 같은 거군요.

### ② 방정식을 세운다

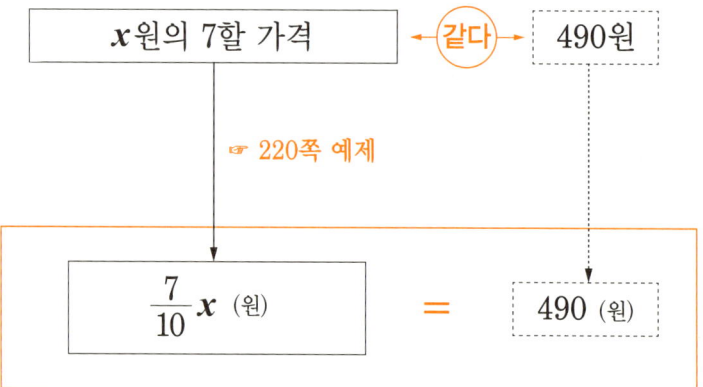

❸ 방정식을 푼다

$$\frac{7}{10}x = 490 \quad \leftarrow \text{'분수형'}$$
$$7x = 4900 \quad \leftarrow \text{'기본 방정식'} \;\; \text{양변을 7로 나눈다.}$$
$$x = 700$$
$$\text{(답)}\; 700원 \quad \leftarrow \text{수박의 정가}$$

---

**실전 문제 10**

5% 식염수가 500g 있다. 여기에 물을 타서 4% 식염수로 엷게 만들려고 한다. 물을 몇 g 넣으면 되는지를 구하여라.

---

① 문제를 분석한다

• 무엇을 구하는가?

**첨가하는 물의 중량**을 구하는 문제이므로 이것을 $x$g이라고 하자.

• 무엇과 무엇이 같은가??

이것은 약간 어려운 문제니까 힌트를 줄까?
**'물을 첨가하기 전 식염수'**와 **'물을 첨가한 후 식염수'**
이 두 가지를 잘 비교해 보자.
같지 않은 게 뭘까?

식염수의 양도, 농도도 달라졌을걸요?

 그 밖에 한 가지 변하지 않은 게 있단다.
그것은 바로 **'녹아 있는 소금의 양'**이란다!

과연! 단지 물을 첨가한다고 해서 녹아 있는 소금의 양이 증가하거나 감소하는 게 아니군요.

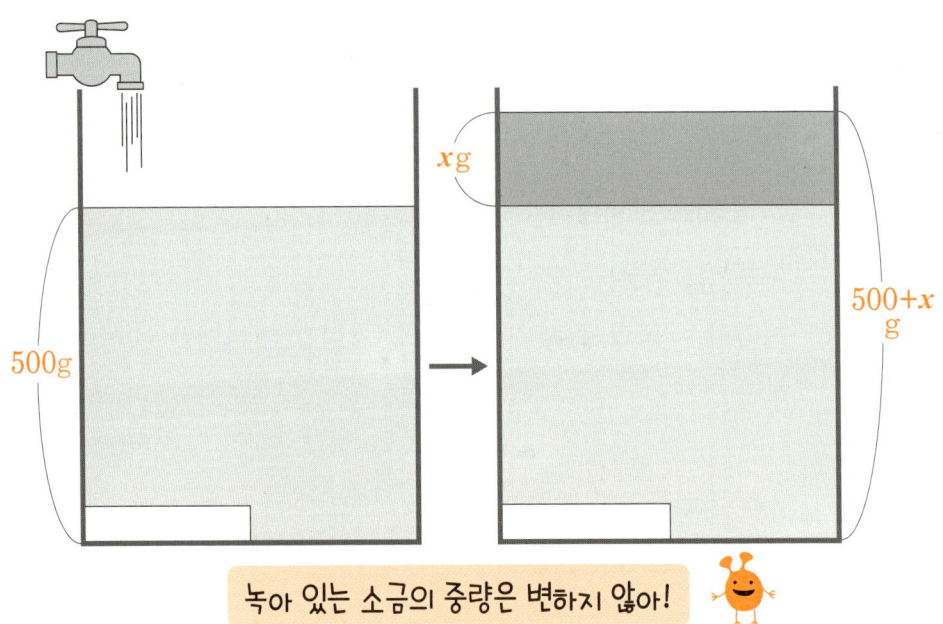

녹아 있는 소금의 중량은 변하지 않아!

물을 첨가하기 전의 식염수에서 소금의 중량을 구해 보자.

$$500 \times \frac{5}{100} = 25 \text{ (g)}$$   ☞ 225쪽 예제

물을 첨가한 후 식염수의 중량은 500 + $x$ g이란다.

이들을 기본으로 방정식을 세워 보자.

② 방정식을 세운다

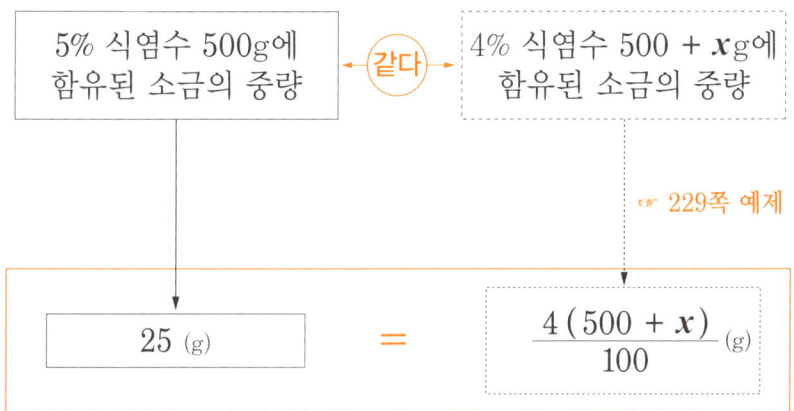

③ 방정식을 푼다

$$25 = \frac{4(500 + x)}{100} \text{ (g)} \quad \text{☞ 170쪽 예제}$$

$$2500 = 4(500 + x)$$
$$2500 = 2000 + 4x$$
$$-4x = 2000 - 2500$$
$$-4x = -500$$
$$x = 125$$

(답) 125g

> **실전 문제 11**
> 5% 식염수가 500 g 있다. 여기서 물을 증발시켜 10% 식염수로 만들려고 한다. 물을 몇 g 증발시키면 되는지 구하여라.

### ① 문제를 분석한다

• 무엇을 구하는가?

 이 문제도 **증발시킨 물의 양**을 $x$g이라고 하면 되겠지.

• 무엇과 무엇이 같은가?

 어, 이 문제는 무엇과 무엇이 같은지 잘 모르겠는걸요.

 그래?
아까의 문제와 마찬가지로, '**물을 증발시키기 전의 식염수**'와 '**물을 증발시킨 후의 식염수**'를 비교해 보자.
'**녹아 있는 소금의 중량**'은 변하지 않는단다.

 네? 거짓말이죠?
물을 증발시킬 때 소금도 미묘하게 날아가잖아요?

 그건 오해야!
과학 시간에 식염수를 가열하여 물을 증발시키는 실험을 해 본 적 있지? 그래서 마지막엔 소금만 남았을 거고 말이다.
이때 남은 소금의 중량은 처음 녹인 소금의 중량과 완전히 **똑같단다**.

그 말은 **식염수를 가열해도 증발하여 날아가는 것은 물뿐이며, 녹아 있는 소금의 양은 변하지 않는다**는 거군요.

 응, 잘못 알고 있는 사람이 많으니까 신경 쓰도록!

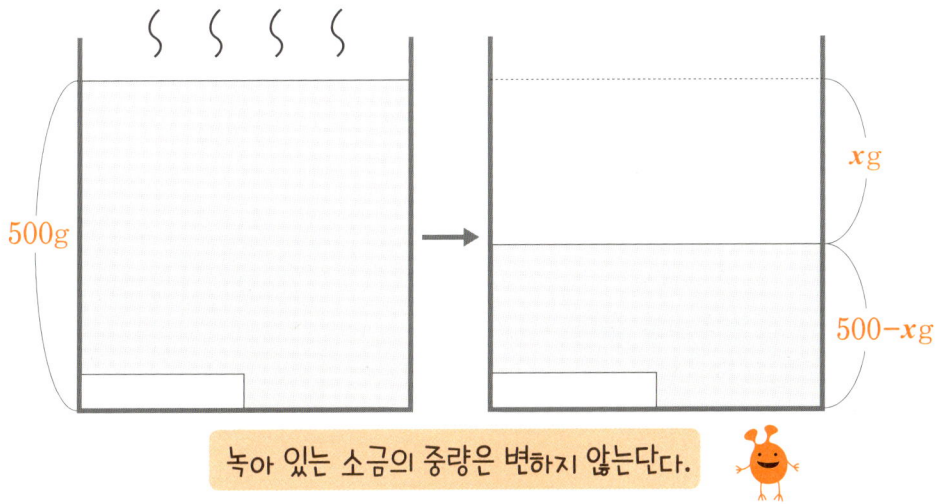

녹아 있는 소금의 중량은 변하지 않는단다.

500g의 식염수에서 $x$g의 물을 증발시킨 후의 중량은 이렇게 계산해.

$$500 - x \text{g}$$

② 방정식을 세운다

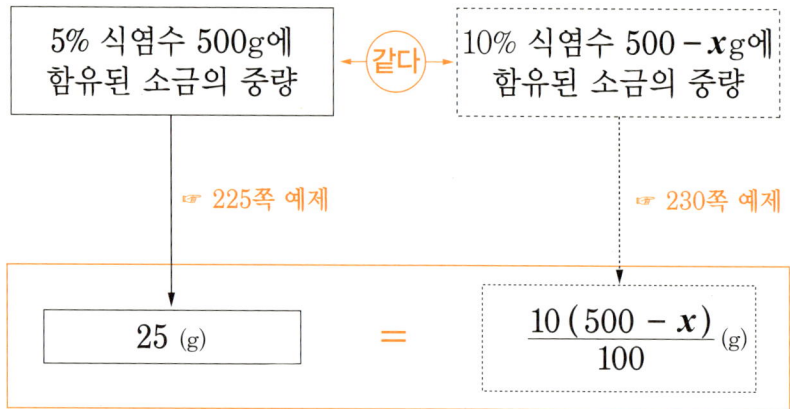

③ 방정식을 푼다

$25 = \dfrac{10(500-x)}{100}$ ← 양변을 100배한다.

$2500 = 10(500-x)$ ← '괄호형'

$2500 = 5000 - 10x$ ← '표준형'

$10x = 5000 - 2500$ ← 이항

$10x = 2500$ ← '기본 방정식'

$x = 250$ ← 양변을 10으로 나눈다.

(답) 250g ← 증발시킨 물의 양!

**맺음말**

 선생님 덕분에 방정식의 개념을 확실히 알았어요.

 그래? 나는 내 재능 덕인데~

 …… 우, 우! (웃음)
이 책을 다 끝냈으니 이제 무얼 하면 좋을까요?

 방정식이 시험 범위에 들어가는 사람은 다음 두 가지를 반드시 하도록!
① 완전하게 이해할 때까지 이 책을 몇 번이고 반복해서 읽는다.
② 학교에서 나눠 준 과제나 문제를 반복해서 풀어 본다.

 선생님, 방정식 말고 다른 단원도 배우고 싶은데요.
이 책 속편, 연달아 착착 내실 거죠?

 아니, 뭐 그게 좀 확실치 않아서……. 이 책이 베스트셀러라도 된다면야 출판사에서도 고려해 볼지 모르겠지만, 지금으로서는…… (웃음).

 헉! 정말요? 그……그건……. 안 돼요!

 넌 네 재능으로 뭐든 하시와요. (웃음)

 어쨌든! '방정식'은 수학의 모든 분야에서 기초가 되는 궁극적이고 중요한 단원이니까, 이 책으로 완벽하게 익히길 바란다.

### 수학 방정식 짱 쉽게 정복하기

1판 1쇄 인쇄 | 2012년 10월 20일
1판 1쇄 발행 | 2012년 10월 25일

지은이 | 이다 게이치(飯田圭一)
옮긴이 | 김윤경
감　수 | 이동흔
펴낸이 | 안동명 정연미
펴낸곳 | 에듀멘토르

책임편집 | 이상희
마케팅 | 이훈섭 나길훈
경영지원 | 박은정

등록 | 2011년 3월 16일 제2009-16호
주소 | 서울시 광진구 중곡1동 647-21 3층
전화 | 02-711-0911　　팩스 | 02-711-0920

ISBN 978-89-94127-54-5 (13410)

*책값은 뒤표지에 있습니다.
*잘못된 책은 구입한 서점에서 바꿔드립니다.
*이 책에 실린 모든 내용, 디자인, 이미지, 편집 구성의 저작권은
에듀멘토르 출판사와 저자에게 있습니다.